Raus aus dem Haus

Raus aus dem Haus

Dr. Claudia Toll und
Ilka Sokolowski

Komm und
erlebe die Natur!

Inhalt

Wissenswertes für Entdecker

Gleich vor der Haustür und draußen in der Natur warten eine Menge spannender Entdeckungen auf dich – du musst dich nur auf den Weg machen!

Bei jeder Expedition hängt viel von der Vorbereitung und der richtigen Ausrüstung ab. Im Gebirge brauchst du andere Dinge als im Moor, in der Stadt geht es ohne Kompass, aber auch mitten in einem unbekannten Wald?

Auf den folgenden Seiten erfährst du, was du immer dabeihaben solltest, wie du dich im Gelände orientierst und wie das Wetter dir bei der Orientierung helfen kann. Natürlich kann immer etwas Unvorhergesehenes passieren. Deshalb ist es gut, wenn du die richtige Erste-Hilfe-Ausrüstung dabeihast.

Bist du bereit? Dann kann es losgehen!

Bevor es losgeht ...

Was du brauchst

Bei kleineren Ausflügen entscheidest du selbst, was du wirklich brauchst, für größere Expeditionen solltest du immer eine Grundausrüstung an nützlichen Dingen dabeihaben. Hier eine Liste notwendiger Naturforscherutensilien:

→ **Feste Schuhe**: mit dicker Sohle und wasserfest, auf unebenem Gelände Wanderstiefel, die über den Knöchel reichen

→ **Regenjacke**: Im Laufe eines Tages kann sich das Wetter schnell ändern.

→ **Sonnenschutzmittel** eine halbe Stunde vor dem Aufbruch auftragen, damit sich die Wirkung entfalten kann.

→ **Sonnenbrille**: Sie schützt die Augen nicht nur im Sommer, sondern auch im Winter, wenn Schnee das Sonnenlicht reflektiert.

→ **Handy**: für den Notfall; vorher kontrollieren, ob es aufgeladen ist!

→ **Verpflegung**: Nimm ausreichend zu trinken und etwas zu essen mit, vor allem Energielieferanten wie Bananen und Müsliriegel.

Wenn man draußen übernachten möchte, ist ein Schlafsack und eine Isomatte notwendig.

→ **Taschenmesser**: am besten ein Allzweckmesser mit verschiedenen Klingen, Schraubenzieher, Minisäge und anderen praktischen Teilen

→ **Notizbuch und Stift**: Dann kannst du aufschreiben, was dir auffällt, Lagepläne anfertigen, Skizzen machen oder Nachrichten hinterlassen.

→ **Müllbeutel**: Abfall nimmst du wieder mit nach Hause.

→ **Erste-Hilfe-Päckchen**: Auf keinen Fall vergessen!

Was ebenfalls nützlich ist:

→ Karten von der Umgebung

→ Kompass

→ Taschenlampe und Ersatzbatterien

→ Streichhölzer (Auf keinen Fall kokeln!)

→ Lupe

→ Schnur

Karten lesen

Bevor du in die Natur gehst, benötigst du eine Karte. Oben ist Norden, unten Süden, rechts Osten, links Westen. Am Kartenrand sind die Farben und Symbole erläutert. Wenn du deinen Standort auf der Karte gefunden hast, kannst du dir von dort aus den Weg zum Ziel suchen. Schau dich um: Ist ein auffälliges Naturmerkmal in der Nähe wie ein See, ein Fluss oder ein Berg? Wie heißt der nächste Ort? Führt eine Straße vorbei? Prüfe nach, ob du einen oder mehrere Punkte auf der Karte findest. Drehe die Karte so lange, bis die eingezeichneten Merkmale in der gleichen Richtung liegen wie die Merkmale in deiner Umgebung. Jetzt kannst du feststellen, wie du gehen musst.

Die Burg ist auf der Karte mit einem Kreis und einer Fahne gekennzeichnet.

Kompass benutzen

Ein Kompass zeigt an, wo Norden ist. So kannst du die Himmelsrichtungen ablesen und dich für eine Marschrichtung entscheiden. Such dir einen auffälligen Punkt im Gelände, der genau in deiner Blickrichtung liegt, und gehe darauf zu. Dort angekommen, suchst du den nächsten gut sichtbaren Punkt und kontrollierst die Richtung wieder mit dem Kompass. So arbeitest du dich Stück für Stück vor.

Erste Hilfe

Mit dieser Notfallapotheke bist du gut ausgerüstet:

➜ Wasser abweisendes Pflaster in unterschiedlichen Größen
➜ Mullbinde
➜ Dreieckstuch zum Abbinden einer Wunde
➜ Jodtinktur zum Desinfizieren von Wunden
➜ Schere und Pinzette
➜ Sicherheitsnadeln
➜ ein Mittel gegen Fieber und Schmerzen

Orientieren mithilfe der Natur

Am verlässlichsten ist der Lauf der Sonne: Sie geht im Osten auf und im Westen unter. Um zwölf Uhr mittags steht sie genau im Süden. Um Mitternacht und nur bei Vollmond ist es umgekehrt: Dann steht der Mond im Süden, der Sonne genau gegenüber.

Auch Pflanzen verraten dir die Himmelsrichtung: Bei uns weht der Wind häufig aus Westen. Auf freien Flächen sind Büsche, Bäume und Sträucher deshalb häufig nach Osten geneigt. Regenfronten ziehen meist aus Nordwesten heran. Auf dieser Seite, auch Wetterseite genannt, sind Bäume oft mit Moos bewachsen, da der Boden hier feuchter ist.

Ganz schön schräg, die sogenannten Windflüchter ...

... und hier die Wetteraussichten!

Es kann unangenehm werden, wenn du unterwegs von einem Wetterwechsel überrascht wirst. Doch bevor sich das Wetter ändert, tut sich einiges in der Atmosphäre: Der Luftdruck steigt oder fällt, die Luftfeuchtigkeit nimmt ab oder zu, Wind kommt auf oder dreht sich. Solche Veränderungen hinterlassen Spuren in der Natur. Beobachte Wolken, Windrichtung und Verhalten von Pflanzen und Tieren genau, dann kannst du deinen eigenen Wetterbericht erstellen.

geschlossene Blüte

Der Wetterbericht der Pflanzen

Bei Regen schließen Blumen ihre Blüten und lassen die Köpfe hängen, damit so wenig Wasser wie möglich eindringen kann. Das tun sie lange bevor der erste Tropfen

---

Was Wolken verraten

Man unterscheidet hohe Wolken (ab 5 000 Meter Höhe), mittelhohe Wolken (zwischen 2 500 und 5 000 Meter) und tiefe Wolken (unter 2 500 Meter).

Feder- oder Zirruswolken: Hohe Wolken, schleierartig, kündigen meist eine Wetterverschlechterung an.

Zirrokumulus: Kleine Schäfchenwolken hoch oben am Himmel kündigen einen Wetterwechsel an.

Altostratus: Schichtwolken in mittlerer Höhe sind oft Vorboten einer Schlechtwetterperiode.

Nimbostratus: Dichte, fast dunkelgraue Schichtwolken, die Regen, Hagel oder Schnee bringen.

Stratus: Tiefe Schichtwolken, die eine graue Wolkendecke bilden. Das bedeutet veränderliches Wetter: Die Wolken können sich lichten oder leichten Nieselregen bringen.

Kumuluswolken: Haufen- oder Quellwolken, die wie weiße Gebirge aussehen. Meist harmlos; erst wenn sie sich zu Kumulonimbuswolken auftürmen, droht Gewitter.

Kumulonimbuswolken: Typische Gewitterwolken mit Regen und Sturm im Gepäck. Man sollte besser in einem Haus Schutz suchen.

vom Himmel fällt. Sie reagieren auf Sonnenlicht. Lässt die Sonneneinstrahlung nach – abends, nachts oder bei dichter Bewölkung – werden die Blütenzellen mit weniger Wasser versorgt. Scheint die Sonne wieder, strömt das Wasser in die Zellen zurück und die Blüten falten sich auf.

Tierische Wetterpropheten

Wie hoch Mücken und andere kleine Insekten fliegen, hängt vom Luftdruck, von Wärme und Wind ab: Ist es warm und windstill, schaffen sie es in große Höhen. Du wirst dann weniger von ihnen geärgert. Schwalben, die im Flug Mücken jagen, fliegen nun besonders hoch. Fliegen die Schwalben tief, bedeutet das: Ein Tiefdruckgebiet mit Regen naht und die Mücken halten sich in Bodennähe auf. Menschen und Tiere leiden nun verstärkt unter den kleinen Plagegeistern.

Vorsichtsmaßnahmen

Bei Gewitter ist es in einem Haus mit Blitzableiter oder in einem Auto mit geschlossenen Fenstern und Türen am sichersten.
Blitze schlagen häufig in die höchsten Erhebungen der Landschaft ein; halte dich nie unter einem einzeln stehenden Baum, in der Nähe von Türmen,

Wie weit ist das Gewitter noch entfernt?

Schall braucht für einen Kilometer etwa drei Sekunden. Zählst du die Sekunden zwischen Blitz und Donner und teilst das Ergebnis durch drei, hast du errechnet wie weit das Gewitter entfernt ist (zum Beispiel 6 Sekunden : 3 = 2 Kilometer Entfernung).

Masten, frei stehenden Scheunen, auf Hügelkuppen oder Berggipfeln auf.
Wasser zieht Blitze an und leitet sie weiter, deshalb: Raus aus dem Teich, aus dem Fluss, aus dem Bach, Sicherheitsabstand zu Gräben und feuchten Bodensenken halten!
Auf freiem Gelände kauere dich so klein wie möglich zusammen. Wenn du mit Freunden unterwegs bist, solltet ihr euch mit einigen Metern Abstand voneinander hinhocken.

Mach mit!

Kräuter für alle Fälle

Für kleinere Verletzungen hält die Natur eine Notfallapotheke bereit:

(1) Ein Umschlag aus zwischen den Handflächen zerdrückten **Beinwellblättern** wirkt lindernd bei Prellungen und Quetschungen.

(2) Der Saft aus **Sauerampferblättern** hilft bei Hautabschürfungen und nach Kontakt mit Brennnesseln.

(3) Der Saft von **Spitzwegerichblättern** wirkt leicht antibakteriell und kann bei wundgelaufenen Füßen helfen.

Natur bei Nacht: Im Dunkeln mit allen Sinnen forschen

Einmal eine Nacht draußen verbringen – mit Freunden oder Familie muss man sich nicht gruseln, und es ist trotzdem aufregend! Der Lärm des Tages lässt nach, auf den Straßen wird es ruhig, in den Häusern gehen nach und nach die Lichter aus.

Jetzt können andere Geräusche an dein Ohr dringen, die du vorher vielleicht nicht gehört hast: das Zirpen der Grillen, der Ruf eines Käuzchens, ein leises Rascheln ... Versuche, dich so leise wie möglich zu verhalten und ein Teil der Nacht zu werden.

Wer lebt hier bei Nacht?

Fledermäuse

Fledermäuse fliegen lautlos durch die Dämmerung. Mit Ultraschalllauten – sehr hohen Tönen, die wir nicht hören – orten sie ihre Beute. Stoßen die Schallwellen auf ein Hindernis, werden sie zurückgeworfen. Am Echo erkennen die Fledermäuse den Umriss. Unsere größte Fledermaus ist das Große Mausohr mit einer Körperlänge von acht Zentimetern. Nur halb so groß wird die Zwergfledermaus. (siehe auch S. 74)

Zwergfledermaus

Steinmarder

In der Stadt ist der Steinmarder besonders häufig anzutreffen. Er schlüpft gern auf Dachböden oder erkundet, was unter der Motorhaube eines parkenden Autos los ist.

Waldkauz

„Huh-Huh-Huh-Huuuuu...", klingt es durch die Nacht. Das ist der Ruf des Waldkauz-Männchens. Wenn das Weibchen antwortet, klingt das wie: „Kuwitt – Komm mit". Der knapp 40 Zentimeter große Waldkauz nistet in Baumhöhlen, auf Kirchtürmen, in Scheunen oder auf Dachböden und jagt Insekten und Mäuse.

Igel

Igel sind in der Dämmerung und auch in der Nacht aktiv. Du hörst ihr Schnaufen, Grunzen und Schmatzen, wenn sie nach Fressbarem suchen und ihre Mahlzeit geräuschvoll verspeisen.

Der Duft der Nacht

In der Nacht riecht der Garten anders als am Tag. Bodenfeuchtigkeit verstärkt die Gerüche von Erde und Gras. Manche Blumen duften nachts besonders süß, um Nachtfalter anzulocken.

Nachtkerze

Der Nachtkerze kann man sogar dabei zusehen, wie sie erblüht: Sie öffnet ihre Blüten im Zeitlupentempo.

Nächtlichen Duftzauber kannst du dir auch in Töpfen und Blumenkästen auf den Balkon holen; oder du legst ein Mondscheinbeet in einer Gartenecke an. Weitere nachtduftende Pflanzen sind zum Beispiel Geißblatt, Phlox, Mondviole und trotz ihres Namens auch die Taglilie.

Nachtpfauenauge

Nachtfalter

Im Licht der Laternen schwirren große und kleine Nachfalter wie Nachtpfauenaugen, Nesselzünsler und Lindenschwärmer. Sie gehören zu den Schmetterlingen, sind aber nicht so bunt gefärbt wie ihre tagaktiven Verwandten.

Siebenschläfer

Der Siebenschläfer gehört zur Tierfamilie der Bilche und ist tagsüber selten zu sehen. Manchmal versteckt er sich auf Dachböden und macht dort ziemlich viel Lärm. Er baut Nester in Büschen und Bäumen oder zieht in ein leer stehendes Vogelhäuschen ein. Siebenschläfer heißt er, weil er ausgiebig Winterschlaf hält – sieben, manchmal sogar bis zu neun Monate.

Leuchtendes Wunder: Biolumineszenz

Wenn es im Gras grünlich blinkt, sind Glühwürmchen beziehungsweise Große Leuchtkäfer unterwegs.
Die Erzeugung von Licht durch Lebewesen heißt Biolumineszenz. Dabei werden chemische Stoffe im Körper in Energie umgewandelt; diese Energie wird in Form von Licht sichtbar.

Nachtwanderung: Auf leisen Sohlen durch die Nacht

Traust du dich aus deinem Garten hinaus? Nachtwanderungen sind eine tolle Sache, wenn man in der Gruppe unterwegs ist. Besonders eindrucksvoll wird es, wenn alle so leise wie möglich sind, in die Stille lauschen und nach einer Weile, wenn sich die Augen an die Dunkelheit gewöhnt haben, mehr und mehr wahrnehmen.

Das solltest du beachten:

→ Wandere nie allein, nur in der Gruppe! Ein Erwachsener sollte immer dabei sein.

→ Wandere nicht in unbekanntem Gelände. Besser ist es, den Weg vorher bei Tag auszukundschaften.

→ Taschenlampen mitnehmen!

→ Nützlich sind Reflektorstreifen an der Kleidung oder orangerote Sicherheitswesten.

→ Wenn ihr nachts im Wald wandern wollt, müsst ihr vorher den Förster benachrichtigen.

Abenteuer Garten

Selbst der kleinste Garten ist ein Stück Natur, in der Tiere und Pflanzen leben können.

Je naturnaher diese kleine Welt gestaltet ist, desto größer ist die Vielfalt an Lebewesen, die sich dort einfinden. Naturnah bedeutet, dass statt exotischer Gewächse vor allem heimische Sträucher, Blumen und Bäume gepflanzt werden. Sie bieten Tieren Nahrung und Unterschlupf. Im Garten gibt es eine Menge spannender und schöner Dinge zu entdecken!

Leben im Garten

Regenwurm

beliebt. Wühlmäuse sind keine Echten Mäuse, sondern gehören zu den Mäuseverwandten. Der Schwanz macht den Unterschied: Bei Echten Mäusen ist er lang, bei Wühlmäusen kurz.
Die Hausspitzmaus ist weder Maus noch Nagetier, sondern gehört zu den Insekten fressenden Säugetieren. Mit spitzen Zähnen packt sie Raupen, Würmer und Schnecken. Sie versteckt sich gern im Kompost. Auffällig ist ihre lange und spitze Nase, mit der sie umherschnüffelt und alles untersucht.

Ein Großteil der Gartenbewohner führt ein Leben im Verborgenen – wie die Regenwürmer, die zu den Ringelwürmern zählen. Sie sind unverzichtbar für einen gesunden Boden, denn sie fressen abgestorbene Pflanzenteile wie abgefallenes Laub und scheiden sie als nährstoffreichen Humus wieder aus. Übrigens: Humus ist das lateinische Wort für Erdboden.
Unter der Erde liegt auch das Revier der Wühlmäuse. Dicht unter der Oberfläche wühlen sie Gänge durch den Boden. Weil sie an Wurzeln nagen, sind sie bei Gärtnern meist nicht sehr

Hausspitzmaus

Erde – was ist das eigentlich?

Gib eine Handvoll Gartenerde in ein großes Glas mit Schraubverschluss und füll es mit Wasser auf. Deckel drauf und kräftig schütteln! Lass das Glas ein paar Tage lang unberührt stehen. Zuerst lagert sich grobkörniger Sand auf dem Boden ab. Die nächste Schicht ist der Schluff, der aus feineren Körnern besteht. In lehmigen Böden ist besonders viel Schluff enthalten. Zuletzt setzt sich der Ton ab, der besonders fein ist. An der Dicke der einzelnen Schichten lässt sich ablesen, wie die Erde im Garten beschaffen ist. Besonders viel grobe Körner: sandiger Boden. Viel Schluff: lehmige Erde. Sehr viel Ton: fester Boden, der nicht besonders wasserdurchlässig ist.

Und was ist in der Luft los?

Bienen fliegen schon im zeitigen Frühjahr von Blüte zu Blüte und sammeln Pollen. Das können Honigbienen sein, die einem Imker gehören, oder Wildbienen. Viele Wildbienen leben einzeln, nicht in Völkern wie die Honigbienen. Zu den Wildbienen gehören auch die großen Hummeln. Vielleicht siehst du eine Erdhummel in einem kleinen Loch in der Erde verschwinden. Dort liegt ihr Nest.

Wespen lieben im Sommer Süßes – Nektar und süße Pflanzensäfte, Limo, Eis und Kuchen. Sie jagen aber auch Insekten und töten sie mit ihrem Stachel. Anders als bei den Bienen hat ein Wespenstachel keinen Widerhaken; wenn eine Biene

Hummel

Buddleia mit einem Admiral

sticht, verliert sie ihren Stachel und stirbt, eine Wespe kann ihren Stachel wieder herausziehen und mehrmals zustechen.

Schmetterlinge kommen in einen Garten, wenn sie viele Pflanzen vorfinden, deren Nektar sie trinken können. Der Schmetterlingsflieder (Buddleia) ist so eine Pflanze. Manchmal finden sich Scharen von Kleinen Füchsen und Kohlweißlingen ein, seltener Tagpfauenaugen und Schwalbenschwänze.

Vogelquiz

Welche Vögel hast du schon bei euch im Garten entdecken können? Kreuze an.

☐ **Kohlmeise**

Kopf und Hals schwarz; Länge: 14 Zentimeter

☐ **Amsel**

Weibchen braun, Männchen schwarz mit orangerotem Schnabel; Länge: 26 Zentimeter

☐ **Haussperling**

Auch Spatz genannt, unscheinbar graubraun; Länge: 14 Zentimeter

☐ **Rotkehlchen**

Orangefarben vom Gesicht bis zur Brust; Länge: 14 Zentimeter

☐ **Gartenrotschwanz**

Rostroter Schwanz, orangerote Brust beim Männchen; Länge: 14 Zentimeter

☐ **Blaumeise**

Flügel und Schwanz blau, auch auf dem Kopf ein blauer Fleck; Länge: zwölf Zentimeter

☐ **Buchfink**

Bläulicher Kopf, zwei weiße Streifen an den Flügeln, orangerote Brust; Länge: 15 Zentimeter

Leise, langsam und doch erfolgreich

Obwohl Schnecken im Garten nicht gern gesehen sind, weil ihnen Salat genauso gut schmeckt wie uns, sind sie doch faszinierend. Wenige Tiere tragen ihr Haus am Körper.

Silbrige Schneckenspuren

Im Sonnenlicht sind sie gut zu erkennen: silbrige Spuren, die sich über Steine und Blätter ziehen. Hier ist eine Schnecke entlanggeglitten. Der Schneckenkörper besteht aus Kopf, Fuß und Eingeweidesack. Der muskulöse Fuß ist der größte Körperteil. An seiner Unterseite befinden sich Schleimdrüsen, die einen klebrigen Stoff aus Wasser, Eiweiß und geringen Mengen anderer Substanzen absondern. Auf dieser Schleimspur bewegt sich die Schnecke vorwärts.

Wo sich Gelege verbergen

An Land lebende Schnecken vermehren sich durch Eier, in denen sich die Jungschnecken entwickeln. Gehäuseschnecken wie die Weinbergschnecke schlüpfen mit einem Miniaturhaus auf dem Rücken, das jedes Jahr mit ihnen mitwächst.

Eine rote Wegschnecke legt Eier

Hör mal!

Schnecken haben eine Raspelzunge, Radula genannt. Stell sie dir wie ein elastisches Band vor, das mit winzigen Zähnchen besetzt ist. Mit dieser Zunge raspeln die Schnecken kleinste Teilchen ihrer Nahrung ab und befördern sie weiter in ihren Schlund – Salat, sprießendes Gemüse, Blumen, die Schnecke verschmäht fast nichts. Vor allem bei Grünzeug kannst du das leise Raspeln hören.

Schneckeneier sind stecknadelkopfgroß, weiß oder durchsichtig-grau. Oft werden sie in größeren Haufen von rund 200 Stück abgelegt, bevorzugt an Stellen, die schattig und zugleich feucht sind.

Mit und ohne Haus: Nacktschnecken und Gehäuseschnecken

Weitverbreitet ist die rote Wegschnecke, die auch braun oder schwarz sein kann. Mit bis zu 15 Zentimetern Länge ist sie eine der größten Nacktschnecken.

Die Hain-Bänderschnecke ist eine der häufigsten Gehäuseschnecken. Ihr Gehäuse, das gelblich gefärbt und sehr unterschiedlich gestreift ist, wird knapp zwei Zentimeter hoch.

Das Haus der Weinbergschnecke kann bis zu fünf Zentimeter hoch werden. Weinbergschnecken lieben Wärme und kommen bei uns vor allem in Süddeutschland vor.

? Wie geht das?

Wie die Spinne ihre Beute fängt

Je nach Spinnenart gibt es unterschiedliche Netze. Im Garten kommen am häufigsten Radnetzspinnen vor, das Grundgerüst ihres Netzes erinnert an die Speichen eines Rades. Die Fäden bestehen aus feiner Spinnseide, die die Spinne aus besonderen Warzen am Hinterleib absondert.

Es gibt Fangfäden und Lauffäden, die Fangfäden sind besonders klebrig. Wenn sich Insekten darin verfangen, sitzen sie fest. Die Spinne bewegt sich nur auf den Lauffäden. Im Zentrum des Netzes wartet sie auf ihre Beute.

So sieht das Netz der Gartenkreuzspinne aus.

Mach mit!

Ein Quartier für Igel

Möchtest du einem Igel Unterschlupf in eurem Garten bieten? Am einfachsten geht das mit Laubhaufen, die im Herbst in einer stillen Gartenecke aufgehäuft werden. Auch im Kompost überwintern Igel gern.

Ein Quartier lässt sich rasch aus ein paar Steinen bauen. Der Hohlraum sollte etwa 30 x 30 Zentimeter Grundfläche und eine Höhe von 15 Zentimeter haben. Schichte die Steine rundherum auf, eine größere Steinplatte (zum Beispiel eine Waschbetonplatte) kommt als Abdeckung obendrauf. Damit sich das Igelhaus gut in den Garten einfügt, kannst du Erde daraufhäufen. Und woran merkst du, ob ein Igel eingezogen ist? Leg ein wenig Reisig vor den Eingang: Der Igel wird es beiseiteräumen, um in sein Quartier zu gelangen.

Koch dir was!

Kühle Pfefferminzbonbons

Pfefferminze verwildert schnell und kann im Garten zur Plage werden. Mach doch erfrischende Bonbons daraus!

Zutaten: ➜ eine Handvoll Pfefferminzblätter ➜ ein Glas Wasser ➜ ein Teelöffel Honig

Zubereitung: Honig in Wasser auflösen, die sehr fein geschnittene Minze hinzugeben, umrühren. Die Flüssigkeit in Eiswürfelbehälter füllen, ab damit ins Gefrierfach – nach ein bis zwei Stunden kannst du leckere Bonbons lutschen.

In Komposthaufen ziehen sich Igel gerne zurück.

Natur auf Balkon und Terrasse

Um Natur zu erleben, musst du nicht unbedingt einen Ausflug unternehmen. Selbst auf dem kleinsten Fleckchen Erde kannst du Tiere und Pflanzen ganz aus der Nähe bestaunen, wenn du weißt, was sie zum Leben brauchen.
Viele Tiere sind bereits an die Nähe von Menschen gewöhnt, manche wagen sich heran, wenn sie ihr Lieblingsfutter vorfinden – Vögel und Schmetterlinge zum Beispiel haben eine Vorliebe für bestimmte Pflanzen.
Auch auf deinem Balkon kannst du Tiere beobachten und sogar anlocken, zum Beispiel Schmetterlinge.

Schmetterlingsbalkon

Schmetterlinge fliegen auf Blüten mit süßem Nektar. Einige Blumen sind für sie besonders unwiderstehlich, und die passen sogar in Balkonkästen und Blumentöpfe.
Pflanzen, die nicht nur Schmetterlinge, sondern auch andere nützliche Insekten wie Schwebfliegen und Bienen anlocken, sind zum Beispiel:

Blumen locken viele Tiere an.

Dickblättrige Fetthenne

Lavendel

Margerite

Außerdem eignen sich: Blaukissen, Salbei und Majoran.
Majoran und Salbei kannst du bereits im Frühjahr auf der Fensterbank aus Samen heranziehen. Die anderen Pflanzen kaufst du am besten in einer Gärtnerei und setzt sie dann ein.

Mach mit!

Mini-Teich anlegen

Ein Wassergarten ohne Garten? Das geht: mit Töpfen, Eimern und Kübeln! Auf einer Terrasse kannst du davon jede Menge aufstellen, aber auf einem Balkon musst du auf das Gewicht achten – es ist besser, nur einen Kübel aufzustellen.

Auf den Boden des Mini-Teichs kommt eine dünne Schicht aus Sand und Kies, darüber etwa eine Handbreit Wasserpflanzenerde.

Zur Bepflanzung eignen sich Flachwasserpflanzen, die eine Wassertiefe von zehn bis 40 Zentimetern benötigen, zum Beispiel: Wasserschwertlilie, Zwerg-Teichrose, Tannenwedel, Zwergbinse.

Achtung: Erst einpflanzen, dann vorsichtig das Wasser einfüllen, sonst wirbelt zu viel Erde auf!

Dann gibt es noch Schwimmpflanzen, die nicht im Boden wurzeln, sondern einfach ins Wasser gesetzt werden, zum Beispiel Krebsschere und Froschbiss. Auch die kleinen Wasserlinsen (siehe S. 64) sehen hübsch aus; wenn sie überhand nehmen, kann man sie einfach abschöpfen.

Krebsschere

Froschbiss

Mini-Teiche sollten immer im Halbschatten liegen, denn in der prallen Sonne erhitzt sich das Wasser zu sehr. In kleinen Behältern verdunstet es außerdem rasch, deshalb muss der Teich regelmäßig aufgefüllt werden – am besten mit Regenwasser!

Gemüsewunder

Manche Gemüse können nachwachsen. Besonders gut eignen sich die oberen Enden von Rüben und Knollen aller Art, also Karotten, Rettich, Kohlrabi oder Sellerie. Wichtig ist, dass diese Reste noch Blätter haben.

Zuerst musst du neue Wurzeln anzüchten. Dazu legst du einen Teller mit einer Schicht Küchenpapier aus, feuchtest es gut an und setzt den Gemüserest mit der Schnittfläche darauf. Hell stellen und immer gut feucht halten – wenn alles klappt, zeigen sich nach ein paar Tagen die ersten Wurzeln.

Nun pflanzt du das Gemüsestück in einen Blumentopf – vorsichtig, damit die zarten Triebe nicht beschädigt werden.

Stell den Topf auf eine helle Fensterbank oder auf den Balkon, gieß regelmäßig und warte ab, was passiert.

Unbekannte Stadt

Stadt und Natur – das ist nur auf den ersten Blick ein Widerspruch. Tatsächlich leben auch im Häusermeer und Straßengewirr einer Großstadt Tiere.

Friedhöfe und Parkanlagen sind grüne Oasen, Brachflächen entpuppen sich als Rückzugsgebiete für seltene Pflanzen, aufgegebene Industrieanlagen bieten Tieren Unterschlupf. Bestimmt gibt es in deiner Stadt viel mehr Natur zu entdecken, als du ahnst.

In der Stadt

Wildtiere sind für gewöhnlich sehr scheu. Doch einige von ihnen haben gelernt, in der Nähe des Menschen zu leben. Deshalb nennt man sie auch Kulturfolger. Wie die Menschen leben sie in der Stadt, trotzdem sind sie wild. In der Dämmerung kannst du sie in Parks häufig beobachten.

Wer lebt hier?

Rotfuchs

Der Rotfuchs kommt in den unterschiedlichsten Lebensräumen zurecht: im Wald, in den Feldern, im Gebirge, am Meer. Er weiß, dass es in der Nähe der Menschen immer etwas Fressbares gibt, deshalb ist er auch in der Stadt anzutreffen, wo er Mülltonnen und Abfallhaufen durchstöbert.

Wildkaninchen

Wildkaninchen stammen ursprünglich aus Spanien und kamen erst im frühen Mittelalter zu uns. Anders als die Hasen, die bereits vorher in Mitteleuropa lebten und offenes Gelände benötigen, kommen Wildkaninchen auch in der Stadt zurecht – vorausgesetzt, es gibt Grünflächen mit Büschen und Hecken. Die Kaninchen graben sich Höhlen, die durch Gänge miteinander verbunden sind (siehe auch S. 32/33).

Wildschwein

Wildschweine leben dort, wo es Wald gibt – in Stadtwäldern oder waldreicher Umgebung. Auf der Suche nach Futter kommen sie manchmal bis in die Vorgärten der Häuser. Als Allesfresser verspeisen sie Wurzeln, Gräser und Früchte ebenso wie Würmer und Bodeninsekten. Weil sie keine natürlichen Feinde mehr haben, vermehren sie sich stark und können zur Plage werden. Zu einer Bache mit Frischlingen (also einer Wildsau, die Junge hat) immer Abstand halten: Sie greift jeden an, der den Kleinen zu nahe kommt.

Hausmaus

Seit Jahrtausenden lebt die Hausmaus in der Nähe des Menschen. Sie frisst fast alles und findet in Vorratskammern und Abfallhaufen genug Nahrung. Doch sie muss ständig auf der Hut sein, weil sie auch in der Stadt Fressfeinde hat: Katzen, Füchse und Marder zum Beispiel.

Wer zwitschert hier?

Mauersegler

Fast zwei Drittel ihres Lebens verbringen Mauersegler in der Luft. Sie jagen in Schwärmen pfeilschnell zwischen den Häusern hindurch und stoßen dabei schrille Schreie aus. Ihre Nester befinden sich in Mauerlöchern und unter Dachziegeln. Mauersegler sind Zugvögel, im September ziehen sie nach Süden und kehren erst im April wieder zurück.

Taube

Taubenschwärme gibt es in fast jeder Stadt, meist sind es verwilderte Haustauben, die zu Straßentauben geworden sind. Es gibt aber auch Wildtauben, zum Beispiel die Ringeltaube, die an ihren weißen Hals- und Flügelflecken zu erkennen ist. Mit einer Länge von mehr als 40 Zentimetern ist sie die größte europäische Wildtaube.

Ringeltaube

Rabenkrähe

Die Rabenkrähe ist eine von zwei Unterarten der Aaskrähe und an ihrem komplett schwarzen Gefieder zu erkennen. Die zweite Unterart ist die Nebelkrähe, die vor allem östlich der Elbe lebt, und einen grauen Bauch und Rücken hat. Rabenkrähen sind sehr intelligente Vögel: Sie lassen zum Beispiel Nüsse aus der Luft auf die Straße fallen, damit die Schale zerplatzt und sie an den leckeren Kern kommen.

Haussperling

Der Haussperling hält sich fast nur dort auf, wo Menschen leben. Seine Nester baut er unter Dachziegel, in Mauernischen und selten in Bäumen. Bei der Nahrung ist er nicht wählerisch: Körner und Samen frisst er ebenso wie Insekten. In Straßenlokalen lässt er sich leider oft von Essensresten anlocken, die zu tödlichen Verdauungsstörungen führen können. Bitte nicht füttern!

Die grüne Stadt

In einer Stadt ganz ohne Bäume würden wir uns vermutlich nicht wohlfühlen. Bäume spenden Schatten, filtern Schadstoffe aus der Luft, bieten Tieren Nahrung und Unterschlupf und sehen auch noch schön aus. Zum Glück gibt es zahlreiche Bäume an Straßenrändern, in Parks, auf Plätzen, in Vorhöfen ... Kennst du die Bäume, die in deiner Stadt wachsen?

 ## Was wächst hier?

Typische Stadt- und Parkbäume

Linde

Eine Linde für den Sommer und eine für den Winter: Die beiden Arten unterscheiden sich vor allem durch ihre herzförmigen Blätter.

Die Winterlinde (bis zu 30 Meter hoch) hat kleinere Blätter, die Härchen in den Winkeln der Blattadern sind bräunlich. Bei der Sommerlinde (bis zu 40 Meter hoch), die 14 Tage früher blüht, sind die Härchen weißlich. Lindenblüten verströmen einen süßen Duft; der Tee aus den getrockneten Blüten ist ein altes Hausmittel gegen Fieber und Erkältungen.

Winterlinde

Sommerlinde

Ahorn

Es gibt viele verschiedene Ahornarten, in der Stadt wird häufig der Feld-Ahorn angepflanzt. Mit 15 Metern wird er nicht allzu hoch. Seine Früchte, kleine Nüsschen, sitzen paarweise in papierdünnen Flügeln. Diese Flügel kreiseln im Wind wie kleine Propeller. Ahornblätter sind meist drei- bis fünflappig.

Kastanie

Diesen Baum erkennt wahrscheinlich jeder – zumindest im Herbst, wenn seine rotbraunen Früchte zur Erde fallen. Die Rosskastanie (bis zu 25 Meter hoch) ist eine der häufigsten Stadt- und Parkbäume. Im Frühjahr treibt sie große Blütenkerzen aus, rot oder weiß können sie sein. Die großen Blätter sind fünfteilig und erinnern an die fünf Finger einer Hand.

Platane

Sie wird bis zu 35 Meter hoch. Auffällig ist die Borke der Platane: Sie löst sich in großen Lappen ab, deshalb sieht der Stamm aus, als würde er sich gerade häuten. Die Früchte sitzen in stacheligen kleinen Kugeln, die an langen Stielen hängen. Die Blätter der Platane sind fünf- bis siebenlappig und ähneln denen des Ahorns.

Vogelbeere

Dieser bis zu 15 Meter hohe Baum wird auch als Gewöhnliche Eberesche bezeichnet (nicht zu verwechseln mit der Gewöhnlichen Esche!). An den Blattstielen sitzen bis zu 17 Blättchen. Im Herbst leuchten die Früchte der Vogelbeere hellrot. Sie sehen zwar aus wie Beeren, sind tatsächlich aber winzige Äpfelchen. Roh kannst du sie nicht essen, aber Marmelade daraus kochen.

Kleine Blätterkunde

Welches Blatt gehört zu welchem Baum?

1
a. Vogelbeere
b. Ahorn
c. Linde

2
a. Linde
b. Vogelbeere
c. Kastanie

3
a. Linde
b. Ahorn
c. Kastanie

4
a. Vogelbeere
b. Platane
c. Ahorn

5
a. Gemeine Esche
b. Ahorn
c. Linde

6
a. Vogelbeere
b. Ahorn
c. Linde

Bastel mit!

Großes Blätterkörbchen

Du brauchst: → etwa 15 bis 20 große Blätter, zum Beispiel von einem Haselstrauch oder einer Linde
→ feste Grashalme oder kleine, biegsame Zweigstückchen

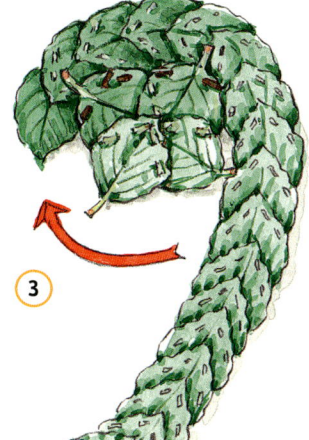

So geht's: Leg vier Blätter so zu einem Quadrat zusammen, dass sich die Ränder mindestens drei Zentimeter überlappen. An diesen Stellen steckst du sie mit Halmen oder Zweigstückchen wie mit einer Stecknadel zusammen ①. Das ist der Boden des Körbchens.

Für den Korbrand steckst du weitere Blätter zusammen, sodass eine lange Blätterschlange entsteht ②.

Jetzt musst du den Korbboden am unteren Rand der Blätterschlange feststecken, wieder mit Halmen oder Zweigstückchen ③.

Das erste und das letzte Blatt der Blätterschlange, die nun den Korbrand bildet, verbindest du ebenfalls, damit der Kreis sich schließt ④.

Spiel und Spaß in der Stadt

Mach mit!

Wettertagebuch

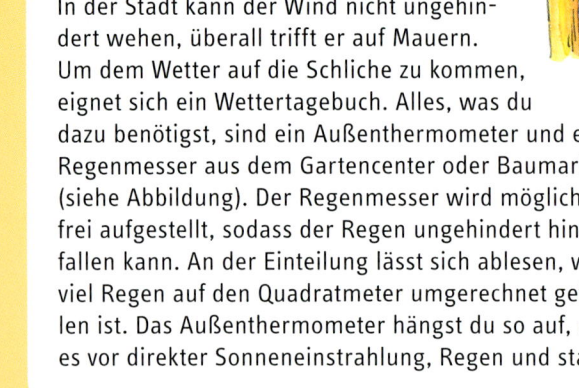

Das Wetter in der Stadt ist anders als auf dem Land. Meist ist es ein bisschen wärmer, Nebel hält sich länger, es ist nicht so windig. Stein und Beton heizen sich tagsüber auf und kühlen in der Nacht nicht so rasch ab. In der Stadt kann der Wind nicht ungehindert wehen, überall trifft er auf Mauern. Um dem Wetter auf die Schliche zu kommen, eignet sich ein Wettertagebuch. Alles, was du dazu benötigst, sind ein Außenthermometer und ein Regenmesser aus dem Gartencenter oder Baumarkt (siehe Abbildung). Der Regenmesser wird möglichst frei aufgestellt, sodass der Regen ungehindert hineinfallen kann. An der Einteilung lässt sich ablesen, wie viel Regen auf den Quadratmeter umgerechnet gefallen ist. Das Außenthermometer hängst du so auf, dass es vor direkter Sonneneinstrahlung, Regen und starkem Wind geschützt ist. Die Temperatur liest du jeden Tag zur gleichen Zeit ab, am besten morgens, mittags und abends.

Alle Wetterdaten und -beobachtungen trägst du täglich mit Datum und Uhrzeit in dein Wettertagebuch ein: Temperatur, Wetterbeschreibung (zum Beispiel: viele Wolken, sehr windig; strahlender Sonnenschein; immer wieder Schauer), Niederschlagsmengen bei Regen.

Wenn du dein Wettertagebuch länger als ein Jahr lang führst, kannst du vergleichen, wie sich das Wetter im Vergleich zum Vorjahr verändert hat.

Mach mit!

Dein grüner Stadtplan

Stadtpläne kannst du in jeder Buchhandlung kaufen. Aber diesen hier gibt es nur bei dir: einen selbst gezeichneten grünen Stadtplan, in den du alle Naturoasen und grünen Besonderheiten deiner Stadt eingetragen hast: Parks und Liegewiesen, Straßen, in denen schöne Bäume wachsen, begrünte Plätze und Hinterhöfe, Bäche oder Teiche.

Lege deinen Standort auf einem großen Blatt Papier fest, damit du dich orientieren kannst. Zeichne das Haus ein, in dem du wohnst, und die Straße, in der es steht. Überlege dir Symbole, die du leicht zeichnen kannst: Ein Haus ist mit ein paar Strichen rasch dargestellt, ein Baum auch. Eine Parkanlage mit Blumenrabatten könnte durch bunte Blüten gekennzeichnet sein, ein Bach durch eine blaue Schlängellinie.

Dann kundschaftest du deine nähere Umgebung aus. Alles, was dir an Grün auffällt, trägst du in deinen Stadtplan ein. Der Maßstab ist nicht so wichtig, Hauptsache, du bekommst erst mal einen Überblick. Achte aber auf die Himmelsrichtung: Wo ist Norden? Auf der Karte immer oben; unten ist Süden, rechts Osten, links Westen.

Nach und nach erweiterst du den Umkreis. Geh mit offenen Augen durch deine Stadt: Bei den großen Bäumen im Park kann man zum Beispiel gut Eichhörnchen beobachten. Im Stadtweiher schwimmen nicht nur Enten und Schwäne, sondern auch Fische. In der Straße mit den Robinien summt und brummt es von Bienen und anderen Insekten. All diese Beobachtungen kannst du in deinen Stadtplan eintragen.

Bastel mit!

Bau deine Traumstadt!

Wo und wie würdest du gerne leben? In einer Block-
hütte an einem See mit hohen Bäumen ringsum?
Oder in einer kunterbunten Stadt, wo jedes Haus
einen eigenen Abenteuerspielplatz hat? Deiner Fanta-
sie sind keine Grenzen gesetzt: Bau drauflos!

Du brauchst dazu: → Pappschachteln und -rollen in
verschiedenen Größen → Zeichenkarton → Plakafar-
ben, Pinsel → Schere, Klebstoff → als Untergrund eine
stabile Sperrholzplatte

So geht's: Die Gebäude klebst du aus Schachteln und
Rollen zusammen, die du anschließend bemalst.
Bäume zeichnest du auf Zeichenkarton auf, mit einem
etwa zwei Zentimeter breiten zusätzlichen Streifen
am unteren Ende – das ist der Teil, der umgeknickt
und auf den Untergrund geklebt wird. Ausmalen und

ausschneiden! Blumen und Blüten entstehen auf
ähnliche Weise. Wenn du die Grundausstattung deiner
Stadt beisammenhast, empfiehlt es sich, zunächst
eine kleine Stellprobe zu machen: Wo sollen die
Häuser stehen, wo sollen Bäume wachsen, wo legst
du Wiesen, Bäche oder Teiche an? Markiere diese
Bereiche auf dem Untergrund und mal sie aus,
bevor du alles aufklebst. Probier aus, was dir
am besten gefällt!

Lebensraum Wiese

Grün in grün – das ist die Farbe der Wiese. Gräser und Blumen aller Arten wachsen hier und bestimmen das Bild. Durch die Jahreszeiten hindurch wechselt die Wiese ihr Kleid und zeigt ihre Pracht mit dem Gelb der Butterblumen, dem Weiß von Gänseblümchen und Margeriten und dem Blau der Glockenblumen. Die vielen Blüten locken Tiere an: In der Wiese summt und brummt, krabbelt, flattert und kriecht es.

Die Vielfalt der Wiesen

Wiese ist nicht gleich Wiese. An der Nordseeküste gibt es Salzwiesen, im Flachland Feucht- oder Streuwiesen, an Hängen Trockenrasen, in den Alpen Bergwiesen.

Wo heute Wiesen sind, waren früher Wälder. Diese wurden gerodet und so entstanden kleine Waldweiden. Wiesen werden von Menschen gemacht und erhalten. Wenn auf den Weiden kein Vieh grast oder wenn sie nicht gemäht werden, breitet sich allmählich wieder Wald aus.

Es sind vor allem Gräser, die eine Wiese bilden. Gräser können ganz unterschiedlich aussehen, aber alle sind grün, haben schlanke, hohe Stängel und kleine Ähren, Rispen oder Walzen an den Enden.

Auf den farbenprächtigsten Flächen wachsen nicht nur Gräser, sondern auch Kräuter und viele andere Blütenpflanzen. Sie werden nur ein- bis dreimal spät im Jahr gemäht und nicht gedüngt. Hier leben auch die meisten Tiere.

Wer sie beobachten will, muss sich hinunterbeugen, denn die meisten Tiere sind klein. Aber es lohnt sich, bis zu 3 000 verschiedene können es sein, Insekten vom Käfer bis hin zum Schmetterling, Vögel wie Kiebitz, Wiesenweihe oder seltener Wachtelkönig, unzählige Schnecken, Würmer, Mäuse, Kröten, auch Wildkaninchen, Wiesel, manchmal Feldhasen, Rehe und Füchse.

Überall Lebewesen!

Hier krabbeln und fliegen kleine Tiere, die stechen können: Vorsicht! Durch eine Wiese sollte man sowieso nie hindurchstapfen, denn überall wimmelt es von Lebewesen. Eine Wiese gehört zudem fast immer einem Bauern, und der will auch nicht, dass die Pflanzen, die Futter fürs Vieh sind, plattgetrampelt werden. Wenn es keinen Weg gibt, bleiben Naturforscher am Rand und beobachten von dort aus.

Wer lebt hier?

Bienen und Hummeln

Für die Bienen ist eine Wiese wie ein gedeckter Tisch. Sie fliegen zu den Blüten und sammeln Pollen, Blütenstaub und Nektar, den Pflanzensaft. Alles tragen sie als Futter in den Bienenstock.

Honigbiene

Zu den Bienen gehören auch die rundlichen Hummeln mit dem pelzigen gelb-schwarzen Körper. Vor allem Wiesenhummel, Erdhummel und Steinhummel finden sich auf der Wiese ein (siehe S. 17).

Käfer

Die Käfer auf der Wiese sehen ganz unterschiedlich aus: Rote und braune Weichkäfer haben einen länglichen Körper.

Weichkäfer

Marienkäfer

Marienkäfer sind rundlich. Besonders häufig ist der Siebenpunkt, und die meisten Flecken hat der Vierundzwanzigpunkt.

Der größte Käfer ist der grün schillernde Goldlaufkäfer. Bis zu 30 Millimeter lang kann er werden. Er krabbelt sehr schnell, wenn er Jagd auf kleine Insekten macht. Der goldglänzende Rosenkäfer ernährt sich nur von Nektar und Pollen.

Goldlaufkäfer

Wildkaninchen

Hier leben die Wildkaninchen gerne: Auf trockenen Wiesen, oft am Waldrand oder an Hängen, graben sie ihre Baue in die Erde. Im entfernt liegenden, weich ausgepolsterten Bau unter der Erde kommen die Jungen zur Welt. Sie sind bei der Geburt nackt und haben noch geschlossene Augen. Nach drei Wochen verlassen sie zum ersten Mal den Bau.

Wiesenpieper

Der spatzengroße Vogel sitzt gerne auf Zaunpfählen, aber sein Nest baut er am Boden im hohen Gras. Das Weibchen übernimmt das Brüten und die Aufzucht der Jungen allein.

Weißstorch

Der Storch stakst auf langen roten Beinen über die Wiese. Entdeckt er etwas zu fressen, stößt er mit dem Schnabel schnell zu. Frösche fängt er zwar auch, vor allem aber Mäuse, Regenwürmer, Heuschrecken und andere Insekten. Sein Nest baut er in der Höhe, oft auf Hausdächern.

Grünes Heupferd

Heuschrecken

Die hohen Töne aus dem Gras kommen von den Heuschrecken – Grashüpfern und Grillen. Es ist schwer, sich an die Musikanten der Wiese heranzuschleichen, denn dann verstummen sie sofort. Grillen erzeugen das Zirpen mit den Flügeln, Heuschrecken mit den Hinterbeinen.

Schmetterlinge

Ochsenauge, Landkärtchen oder Goldene Acht: Das sind die Namen von Wiesenfaltern. Sie sind rötlich oder gelblichbraun gefärbt. Auffälliger ist das Blutströpfchen mit seinen roten und rotgrünen Flügeln. Bei den Bläulingen haben nur die männlichen Falter die zartblauen Flügeloberseiten. Der Gemeine Bläuling ist auf den Wiesen sehr verbreitet.

Ochsenauge

Blutströpfchen

Gemeiner Bläuling

Im Wiesengrund

Wenig gedüngte Magerwiesen sind die Wiesen mit der größten Vielfalt. Allein auf einem Quadratmeter gedeihen hier oft schon mehr als fünfzig verschiedene Pflanzenarten. Auf einer großen Fettwiese, die gedüngt und bis zu sechsmal im Jahr gemäht wird, sind es dagegen insgesamt höchstens zehn bis zwanzig Pflanzenarten. Vielfältige, blumenreiche Magerwiesen gibt es nicht so häufig. Zu erkennen sind sie an ihrer sommerlichen Farbenpracht. Gute Verstecke und noch mehr Platz für Tiere bieten Hecken, Steinhaufen und kleine Hänge am Rand.

Was wächst hier?

Wiesenschwingel

Bei diesem Gras hängen die Ährchen in Rispen und blühen im Juni und Juli grün bis violett. Der Wiesenschwingel kann bis zu einen Meter hoch werden.

Zittergras

Bis zu einen Meter hoch kann dieses Gras werden. Die kleinen Ähren sitzen an dünnen Stielen und zittern wirklich bei jedem Hauch. Sie sind so leicht, dass sie mit dem Wind durch die Luft schweben.

Flughafer

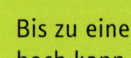

Der Flughafer, auch Windhafer genannt, ist ein zartes Gras. Die wippenden Ährchen sind als Rispe angeordnet. Andere Haferarten auf der Wiese sind der Trifthafer und der Flaumhafer.

Honiggras

Samtig behaart ist das Wollige Honiggras. In der Blüte sind die Rispen leicht rosa bis violett gefärbt.

Fuchsschwanz

Wie der buschige Schwanz des Rotfuchses sitzt eine Ährenrispe an der Halmspitze dieses Grases. Wenn es blüht, hängen daran die Ährchen. Eine noch längere Ährenrispe hat das Wiesenlieschgras. Es wird gerne als Heu genutzt.

Was blüht hier?

Die Wiesenblumen

Gänseblümchen und Margerite

Das Gänseblümchen hat einen gelben Blütenkorb und rosa bis rot angehauchte weiße Randblüten. Fast das ganze Jahr hindurch blüht die kleine Pflanze. Ähnlich, aber viel größer ist die Margerite oder Wucherblume. Sie blüht von Mai bis September.

Gänseblümchen

Wiesenstorchschnabel

Blau bis violett blüht diese Pflanze. Wenn sie verblüht ist, bildet sich eine kleine Frucht, die spitz nach unten gebogen ist und dem Schnabel eines Storches ähnelt. Sind die Samen reif, werden sie herausgeschleudert.

Wiesenstorchschnabel

Klee in Weiß, Gelb und Rot

Weißklee hat weiße, leicht rosa angehauchte Blütenköpfchen, beim Wundklee sind sie gelb und beim Wiesenklee rot. Die Blätter vom Klee sind normalerweise dreiteilig. Wer Glück hat, findet ein vierblättriges Kleeblatt!

Weißklee

Wilde Kräuter

Blüten und Blätter des Wilden Thymians riechen besonders stark, wenn sie zerrieben werden. Auch der Dost, der Wilde Majoran, ist ein würzig duftendes Wildkraut. Die beiden Heil- und Gewürzpflanzen mit den rötlichvioletten Blüten werden von zahlreichen Schmetterlingen besucht.

Sandthymian

Wie geht das?

Kleine Flieger

Sie fliegen mit dem Wind: So breiten sich die Samen von Löwenzahn, Huflattich, Bocksbart und Distel aus. Jeder einzelne Same schwebt an einem kleinen fedrigen Fallschirm – Pappus genannt – durch die Luft. Mehrere hundert Meter, bei starkem Wind sogar Kilometer weit, kann die Flugreise gehen.
Andere Pflanzensamen werden durch Tiere verbreitet. Diese streifen die Samen im Vorübergehen ab, die mit kleinen Widerhaken im Fell hängen bleiben und weggetragen werden. So ist das zum Beispiel bei der Klette.

Löwenzahn im Wind

Achtung, Bärenklau!

Auf gedüngten Wiesen wächst der Wiesen-Bärenklau mit der großen grünlichweißen Doldenblüte. 150 Zentimeter hoch kann er werden. Wenn er ganz jung ist, schmeckt er als Gemüse gut. Die Berührung mit dem Pflanzensaft kann bei Sonne zu leichten Hautrötungen führen. Der Riesen-Bärenklau, auch Herkulesstaude genannt, kann viel größer werden – über drei Meter hoch. Vom weißen Saft der Pflanze kann die Haut stark gereizt werden. Bitte nicht anfassen! Auf der Wiese wächst sie nicht, sondern an Wegrändern, Bahndämmen, Gräben.

Die Insekten

Schmetterlinge, Käfer, Heuschrecken, Bienen, Libellen
und Ameisen sind Beispiele für
Insekten. Sie haben sechs Beine.
Ihr Körper ist in drei Abschnitte
unterteilt: Kopf, Brustteil, Hinterleib. Insekten haben keine Kno-
chen, aber stattdessen eine Haut
aus einem festen Stoff, dem Chitin.
Durch den Chitinpanzer sind sie
vor Feinden wie Vögeln besser
geschützt.

Vorsicht, Falle!

Insekten geraten leicht in die
Netze von Spinnen. Auf der Wiese
wartet die gelb-schwarz gestreifte
Wespenspinne, auch Zebraspinne
genannt, vor allem auf Heuschrecken. Dicht am Boden baut sie
ein Radnetz mit einem dickeren
Zickzackfaden am Rand.

Zebraspinne

Warnen

Gelb-Schwarz oder Rot-Schwarz wirkt auf viele
Feinde abschreckend. Einige Insekten tragen diese
Warnfarben, wie zum Beispiel Wespen.

Wespen

Orange-schwarz sind die giftigen Raupen des
Jakobskrautbären, eines Schmetterlings.

Die Warnfarbe ist ein
Signal vor allem für
die insektenfressenden
Vögel und sie bedeutet:
„Friss mich nicht, ich
bin gefährlich, giftig,
eklig und steche!"

Raupe des Jakobskrautbären

Täuschen

Manch harmlose Insekten haben im Lauf ihrer
langen Entwicklung die Warntracht gefährlicher
Tiere angenommen. Die gelbbraunen
Schwebfliegen
zum Beispiel
sehen Hummeln,
Wespen oder
Hornissen ähnlich.
Jedenfalls auf den
ersten Blick, denn
Schwebfliegen haben
nur ein Flügelpaar.
Die Nachahmung wird
Mimikry genannt.

Schwebfliege

Tarnen

Insekten schützen sich noch auf eine andere Weise
davor, gefressen zu werden. Sie haben keine
Signalfarbe, sondern tarnen sich besonders gut.
Ihr Aussehen haben auch
sie allmählich entwickelt.
Schmetterlinge wie zum
Beispiel einige Spanner
haben auf den Flügeln
ein Muster wie eine
Baumrinde. Diese
Anpassung heißt
Mimese.

Ockergelber Blattspanner

Von der Raupe zum Falter

Ob Marienkäfer, Wiesenhummel oder Distelfalter – diese Insekten sind ausgewachsen, sie bleiben so groß, wie sie sind. Ihre Entwicklung, Metamorphose genannt, liegt hinter ihnen: vom Ei über die Raupe (oder Larve) und die Puppe bis hin zum fertigen Insekt. Und so verläuft sie beim Schwalbenschwanz, einem prächtigen Schmetterling:

1. Das Falterweibchen legt nach der Paarung einige Dutzend Eier ab. Falter suchen zur Eiablage oft die Pflanze auf, von der die Raupen fressen. Beim Schwalbenschwanz sind das zum Beispiel die Wilde Möhre oder Fenchel.

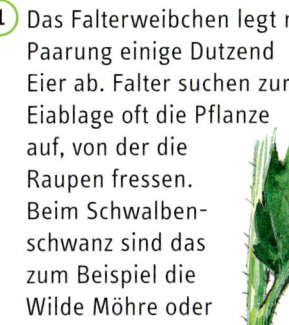

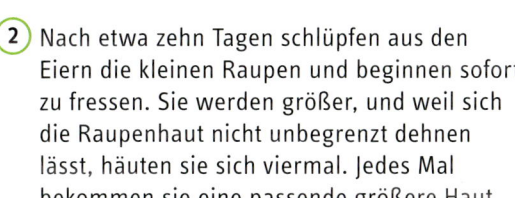

2. Nach etwa zehn Tagen schlüpfen aus den Eiern die kleinen Raupen und beginnen sofort zu fressen. Sie werden größer, und weil sich die Raupenhaut nicht unbegrenzt dehnen lässt, häuten sie sich viermal. Jedes Mal bekommen sie eine passende größere Haut.

3. Etwa vier, fünf Wochen später sucht die Raupe einen geschützten Ort auf, häutet sich ein letztes Mal und verharrt dann: Sie verpuppt sich. Ihre oberste Hautschicht wird zu einer harten Hülle. Bei Gürtelpuppen wie dem Schwalbenschwanz liegt um die Puppenmitte herum ein Spinnfaden, der an einem Pflanzenstängel befestigt ist.

4. Die Puppenruhe beginnt. Doch in der Puppenhülle tut sich etwas: Das Tier im Innern verwandelt sich. Schließlich platzt die Hülle auf, ein noch zerknitterter Schwalbenschwanz müht sich heraus. Er beginnt, Blut und Luft in die Adern seiner Flügel zu pumpen, bis sie entfaltet und aufgerichtet sind.

5. Nach einiger Zeit flattert er davon.

Unter die Lupe genommen

Kuckucksspucke

Im Frühjahr, wenn viele Blumen auf den Wiesen aufblühen, kann man etwas Besonderes entdecken: An verschiedenen Stängeln und Blättern von Pflanzen klebt richtiger Schaum. Er wird Kuckucksspucke genannt, aber vom Kuckuck stammt er nicht. Im Schaum versteckt sich die Larve der Schaumzikade. Sie stellt den Schaum selbst her und bleibt vor Austrocknung geschützt verborgen, bis sie sich entwickelt hat.

Spiel und Spaß auf der Wiese

Picknick im Grünen

Eine Sommerwiese duftet wunderbar, und vieles, was hier wächst, schmeckt auch sehr gut. Es muss aber eine Wiese sein, die nicht gedüngt wird! Fürs Picknick bringst du von zu Hause Wasser zum Abspülen, eine Salatsoße und noch einen Salatkopf zum Daruntermischen mit. Dann sammelst du die frischen Zutaten. Aber von allen nur ganz wenig, und zeige sie vor dem Essen zur Sicherheit einem Erwachsenen.

Gänseblümchen

Borretschblätter und -blüten

Rotkleeblüten

Drei, vier Sauerampferblätter

Zarte Löwenzahnblätter und -blüten

Dazu passen auch: Malvenblüten, Wiesenschaumkrautblüten sowie Dost- und Thymianblätter.

Junge Gierschtriebe

Alle Zutaten in klarem Wasser abspülen und auf einem Tuch trocknen. Löwenzahn- und Sauerampferblätter zerrupfen, Löwenzahn- und Rotkleeblüten einzeln herauszupfen, die anderen Zutaten dazugeben. Salatsoße darübergießen. Dazu schmeckt Vollkornbrot mit Butter.

Spiel mit!

Wen erwischt die Klette?

Zuerst muss dafür eine Klette abgepflückt werden. Alle Spieler stellen sich in einem Kreis auf, die Gesichter zur Mitte gerichtet und einer geht außen um den Kreis herum. Er wirft die Klette einem der Mitspieler auf den Rücken und rennt sofort los. Sobald der Getroffene merkt, dass die Klette bei ihm gelandet ist, löst er sich aus dem Kreis und rennt hinter dem Werfer her. Er muss ihn erwischen und nun wiederum ihm die Klette auf den Rücken werfen, bevor dieser am Platz des Beworfenen angekommen ist. Gelingt ihm das, muss der erste Spieler noch eine Runde gehen. Wenn nicht, ist der Getroffene selbst an der Reihe. Wer drei Strafrunden gelaufen ist, scheidet aus.

Kletten findet man an vielen Wiesen- und Wegrändern.

Bastel mit!

Löwenzahnkranz

Aus den Blüten vom Löwenzahn lässt sich ein dicker gelber Kranz oder eine Kette binden. Die Blüten werden samt Stängeln abgeschnitten. Jeder Stängel wird unmittelbar hinter der Blüte eingeritzt. Dort wird der nächste Löwenzahn eingefädelt. Zum Schluss wird der letzte Stängel mit dem ersten verbunden. Beim Schneiden tritt ein klebriger, bitterer Saft aus, also anschließend Hände waschen nicht vergessen.

Blütenmandala

Dafür pflückst du Blüten und Blätter von verschiedenen Blumen und Rispen sowie Ähren von Gräsern. Auf einem ebenen Untergrund ziehst du einen Kreis. Das geht so: Du knotest an die beiden Enden eines Bindfadens ein Stöckchen, eins steckst du in den Boden, dann führst du den Bindfaden einmal im Kreis herum und markierst dabei mit dem anderen Stöckchen die Kreislinie. Innerhalb dieses Kreises ordnest du die Blüten, Blätter und Gräser nun so an, wie du es am schönsten findest.

Blütenball

Du brauchst: ➜ große Blütendolden mit Stängeln von der Wilden Möhre, Schafgarbe, dem Wiesenkerbel und Wilden Dost ➜ einen reißfesten, nicht zu dicken Faden ➜ ein breites Band (Schleifenband, Rupfenband)

So geht's:
Die Stängel der Blütendolden führst du so zusammen, dass sie kreuz und quer ineinandergesteckt sind, damit sich eine Halbkugel bildet.

Mit dem Faden bindest du die Stängel zusammen. Für den Blütenball brauchst du zwei dieser Halbkugeln, die du an den gebündelten Stängeln mit einem breiten Band aneinanderbindest.

Mitnehmen kannst du das Mandala nicht. Wenn du einen Fotoapparat hast, machst du ein Bild davon.

Unterwegs in Feld und Flur

Keine Landschaft verändert sich über das Jahr so sehr wie die Äcker und Felder. Ob dort Getreide, Raps oder Mais wächst, Rüben gepflanzt oder Kartoffeln gesetzt wurden: Von der Aussaat bis zur Ernte sieht die Landschaft ganz unterschiedlich aus. Was hier gedeiht, ist von Menschen angebaut worden. Es gibt aber dennoch Platz für Tiere, vor allem in den Ackerrandstreifen und den Hecken. Es sind kleine Nischen, in denen es bunt blüht und wo sich im Verborgenen viel regt und bewegt.

Auf und neben dem Feld

Vor ca. 9 000 Jahren begannen die Menschen in Europa mit dem Ackerbau. Seither werden auf den Äckern die Feldfrüchte ausgesät oder gepflanzt, die uns oder den Nutztieren als Nahrung dienen. Heute wachsen auf Äckern und Feldern auch Pflanzen, aus denen Biosprit für Autos hergestellt wird, oder die Pflanzen kommen in die Biogasanlagen zur Erzeugung von Strom und Wärme.

Felder und Äcker sind immer von Menschen bewirtschaftete Flächen. Mit Egge, Pflug, Feldspritze, Düngerwagen oder Sämaschine hinter dem Traktor, mit Mähdreschern, Kartoffelrodern, Häckslern und Strohballenpressen sind die Landwirte vom Frühjahr bis zum Herbst bei der Arbeit. Auf den Anbauflächen sind Tiere selten ungestört und es finden sich nur wenige ein. Die meisten leben am Ackerrand und in den Hecken.

Blühende Weißdornhecke

 ## Wer lebt hier?

Feldhase

Der Feldhase mümmelt nur pflanzliches Futter: Gräser, Klee, Kräuter, Kohl. Er gräbt keinen Bau. Die Jungen liegen in einer Erdmulde, der Sasse. Vier- bis sechsmal im Jahr kann die Häsin zwei bis fünf Junge bekommen. Diese sind schon nach vier Wochen selbstständig.

Feldhamster

Der Feldhamster ist ein nachtaktives Tier. Erst im Dunkeln kommt er aus dem Bau und frisst Getreide und Halme, Kräuter, Kohl, Möhren, Klee und vieles mehr. Für die kalte Jahreszeit legt er einen Futtervorrat an, denn er wacht aus dem Winterschlaf ab und zu hungrig auf.

Feldlerche

Ausdauernd zwitschert im Frühjahr über dem Feld die Feldlerche. Während sie singt, schraubt sie sich in eine Höhe von 100 Metern. Ihre Eier legt die Feldlerche in ein Nest am Boden. Das Weibchen brütet allein, aber gefüttert werden die Jungen von den Eltern gemeinsam.

Feldmaus

Eilig rennt die Feldmaus über den Boden. Sie ist etwa zehn Zentimeter lang, ihr Schwanz misst noch einmal vier Zentimeter. Feldmäuse leben in Kolonien. Sie sind Wühlmäuse, die verzweigte Gänge graben. Sie fressen Samen, Wurzeln, Gräser, Früchte und Tiere wie Würmer oder Insekten.

Lebensraum Hecke

Die Hecken zwischen den Feldern sind als Umzäunung und zum Schutz gegen Wind angepflanzt worden. Hecken bestehen aus Sträuchern (vor allem Beerensträuchern) und am Boden gedeihen Gräser, Kräuter sowie andere niedrige Pflanzen. Hecken sind ein Rückzugsort und Lebensraum für viele Tiere. Hier finden sie Nahrung und einen ruhigen Platz für die Jungen.

Von einer Hecke aus schaut sich ein Spatz um.

Unter die Lupe genommen

Hasenwolle

Kleine Fellbüschel fliegen herum: Das ist Hasenwolle. Im Frühjahr ist Paarungszeit bei den Feldhasen. Dann treffen sie sich auf Feldern, Äckern und Wiesen. Mehrere Männchen nähern sich einem Weibchen und umrunden es. Das Weibchen setzt sich zur Wehr, stellt sich auf die Hinterbeine und schlägt mit den Vorderpfoten so heftig zu, dass die Fellhaare fliegen. Nach viel Gehetze und Geboxe wählt das Weibchen schließlich ein Männchen aus.

Zwei Hasen beim Kampf

Rehe

Rehe am Feld sind keine andere Tierart als die Rehe im Wald. Aus dem Einzelgänger, der im Dickicht lebt, wurde ein Rudeltier, das sich der offenen Flur angepasst hat und dort viel Futter findet. Am Tag verstecken sich Rehe in den Hecken, im hohen Getreide oder in einem nahen Wald.

Zauneidechse

Auch die Zauneidechse hält sich im Schutz der Hecke auf. Im Winter verkriecht sie sich. Wenn es wärmer wird, kommt sie aus dem Versteck und sonnt sich. Zu ihrer Nahrung gehören vor allem Würmer, Insekten und Spinnen.

Blindschleiche

Blindschleichen finden ihren Unterschlupf zwischen Steinen und Wurzeln. Im Sommer werden die Jungtiere geboren. Sie schlüpfen genau in dem Augenblick, in dem die Eier von der Mutter abgelegt werden. Blindschleichen sind keine Schlangen, sondern gehören zu den Echsen.

Mauswiesel

Das Mauswiesel ist mit seinem etwa 20 Zentimeter langen, sehr schlanken Körper das kleinste Raubtier auf der Erde. Auf dem Feld und auf der Wiese jagt es nach kleinen Tieren, vor allem nach Wühlmäusen. In der Hecke versteckt es sich.

Pflanzen am Rand der Felder

Breite Randstreifen, die nicht bewirtschaftet werden und nicht mit Pflanzenschutzmitteln gespritzt und gedüngt werden, sind selten. Wo es sie noch gibt, wachsen wie ein bunter Kranz rund um die Felder herum Ackerwildkräuter: Feldblumen, die vor allem in den Sommermonaten in den vielfältigsten Farben erblühen. Viele der Acker-wildkräuter stehen auf der Roten Liste. Darin sind Pflanzen und Tiere aufgeführt, die stark gefährdet oder vom Aussterben bedroht sind.

Am Feldrand wachsen viele Kräuter.

 ## Was wächst hier?

Kamille

Die Kamille ist am Duft zu erkennen. Er ist besonders stark, wenn man die Blüten zerreibt. Nur die Echte Kamille duftet. Sie unterscheidet sich von der Geruchlo-sen Kamille durch die weißen Strahlenblüten. Bei der Echten Kamille sind diese nach unten gerichtet.

Rainfarn

Der Rainfarn gehört zu den Kompasspflanzen: Seine Blattspitzen zeigen die Himmels-richtung an. In der Mittagszeit richten sie sich nach Süden aus. So ist die Blattfläche nur dem schwächeren Sonnenlicht am Morgen und Abend zugewandt und gegen Verdunstung geschützt. Die runden Blütenkörbchen, die in großen Dolden zusammenstehen, werden auch als Knöpfchen bezeichnet. Rainfarn kann 120 Zentimeter hoch werden. Er riecht stark und kann die Haut reizen.

Breitwegerich

Wegerich

Der Spitzwegerich hat schmale, lange Blätter; Breitwegerich löffelförmige. Wegerich ist eine alte Heilpflanze. Wer sich an einer Brennnessel verbrannt hat, kann zerriebene Wegerichblätter an dieser Stelle auf die Haut legen.

Wegwarte

Die Wegwarte blüht in einem hellen Blau. Die Blütenköpfe wendet sie immer der Sonne zu – aber nur bis zur Mittags-zeit, dann schließen sie sich wieder. Die Wegwar-te kann über einen Meter hoch werden.

Beifuß

Mehr als einen Meter hoch kann der Beifuß werden. Er ist eine Pflanze mit kräftigen Stängeln. An deren Spitzen stehen in Rispen die kleinen graugrünen Blüten. Sind sie noch geschlossen, können sie geerntet werden. Getrocknet lassen sie sich gut als Gewürz verwenden.

Weißdorn, Schwarzdorn (Schlehe), Schwarzer Holunder, die Heckenrose (Hundsrose), Brombeere sowie gelegentlich die Himbeere gehören zu den Sträuchern, die eine Hecke bilden. Auch Hainbuche und Weide wachsen in Hecken. Wenn die Hecken blühen, finden Insekten hier ihr Futter. Und wenn Beeren und Nüsse heranreifen, ist der Tisch für Vögel und andere Tiere gedeckt.

? Wie geht das?

Wie entstehen Dornen?

Viele Büsche einer Hecke, wie Weißdorn und Schlehdorn, haben spitze Dornen. Sie sind so hart wie kleine Äste. Diese holzigen Dornen bilden sich an den Blattknoten, die in den Achsen der Sprossen – das sind die jungen Triebe – sitzen. Dornen sind also umgebildete Sprossen. Die Rosen in einer Hecke haben keine Dornen, sondern Stacheln: diese sitzen auf den Trieben.

Ackerwinde

Mit ihrem dünnen Stängel rankt sich – immer links herum – die Ackerwinde an den Stängeln von anderen Pflanzen in die Höhe. Sie hat rosa- oder hellrosafarbene Blüten, die sich morgens gegen sieben Uhr öffnen und sich am frühen Nachmittag wieder schließen. Nach einem Tag sind sie schon verblüht.

Ackerstiefmütterchen

Eine winzige hellgelbe Blüte hat dieses Stiefmütterchen. Es blüht von April bis Oktober. Eine Geschichte schreibt den Namen der Stiefmütterchen der Form ihrer Blüte zu: Das untere, größere Blütenblatt ist die Mutter, darüber sitzen zwei Blätter, das sind die Kinder, und ganz oben sind noch zwei Blütenblätter, das sind die Stiefkinder.

Blumenuhr

An vielen Blumen lässt sich ungefähr die Tageszeit ablesen. Der Mohn ist ein „Frühaufsteher" und öffnet seine Blüte im Juni und Juli, wenn die Sonne um fünf Uhr aufgeht, schon um vier Uhr. Erst danach „erwachen" die Wegwarte um halb sechs, der Huflattich um sechs Uhr und der Löwenzahn sogar erst um halb acht. „Schlafenszeit" ist dann für jeden mal früher, mal später (siehe Abbildung). Die Nachtkerze ist, wie ihr Name schon sagt, eine Pflanze, die sich erst nachts öffnet (siehe dazu auch S. 13).

Rund um unsere Nahrung

In der Steinzeit waren die Menschen Jäger und Sammler und haben sich von dem ernährt, was sie fanden. Das müssen wir heute nicht mehr tun. Wir haben Felder, auf denen unsere Nahrung wächst.

Die Kartoffel

Eine bei uns sehr wichtige Nutzpflanze ist die Kartoffel. Sie gehört zu den Nachtschattengewächsen. Die Kartoffel hat kleine weiße oder hellviolette Blüten.

Die grünen Teile, auch die oberirdischen Früchte, sind giftig. Was wir essen können, sind die Knollen, die unterirdisch wachsen. Die Kartoffel stammt aus Südamerika.

Die Zuckerrübe

Woraus wird der Zucker gemacht? Aus einer Rübe – der Zuckerrübe. Es ist ihre Wurzel, die sich zu dieser Rübe verdickt. Und wenn sie im November geerntet wird, kann sie über 1000 Gramm wiegen. Dann werden neben den Feldern hohe Rübenhügel aufgeschüttet.

Getreidesorten-Quiz

Im Sommer wogen die Getreidefelder. Vor allem Weizen wird bei uns angepflanzt, außerdem Roggen, Hafer, Gerste und Hirse sowie Mais. Erntezeit ist bei uns im Juli und August. Am einfachsten sind die Getreidesorten an den Grannen zu erkennen. Das sind die starren Haare an den Ähren. Erkennst du die Sorten?

Dieses Getreide hat mittellange Grannen. Aus den Körnern wird dunkles Mehl für Brot und Brötchen gemahlen, und sie werden auch als Tierfutter genutzt. Seit einiger Zeit wird das Getreide als nachwachsender Rohstoff angebaut und kommt in Biogasanlagen.

(Roggen)

Dieses Getreide hat die längsten Grannen. Es wird als Tierfutter verwendet. Vor allem liefert es den Grundstoff für ein bei Erwachsenen

beliebtes alkoholisches Getränk. Aus den Körnern werden Grieß, Graupen und auch Brotmehl hergestellt.

(Gerste)

Dieses Getreide hat keine Grannen, und die Körner sitzen nicht in einer Ähre, sondern an kleinen Rispen. Es liefert gutes Futter, besonders für Pferde aber auch für Kühe und Hühner. Aber bekannt ist es vor allem durch die Flocken.

(Hafer)

Aus diesem Getreide werden die meisten Brotsorten gemacht. Es wird bei uns am häufigsten angebaut. Mehl wird daraus gemahlen, ein alkoholisches Getränk wird daraus hergestellt, und es wird als Tierfutter verwendet. Es hat gar keine Grannen.

(Weizen)

Erntezeit an Feld und Hecke

Brombeeren, Haselnüsse, Hagebutten, Schlehen und Holunderbeeren mögen nicht nur Tiere. Die schmecken auch uns gut.

Aus Hagebutten lässt sich Tee zubereiten: Die Früchte aufschneiden, die pelzigen Kerne herauskratzen, die Fruchthüllen trocknen lassen. Für eine Tasse einen Esslöffel davon mit heißem Wasser überbrühen und fünf Minuten lang ziehen lassen. Schlehen sind roh ungenießbar. Geerntet werden sie am besten nach dem ersten Frost, oder sie kommen für einen Tag ins Tiefkühlfach. In ihnen steckt viel Vitamin C. Sie lassen sich gut zu Marmelade oder Schlehensirup verarbeiten.

Koch dir was!

Schlehensirup

Zutaten: → 500 g Schlehen → 275 g Zucker → 1 Päckchen Vanillezucker → 1 Messerspitze Zimtpulver

Zubereitung: Schlehen waschen, abtropfen lassen, in einen Topf geben. Mit kochendem Wasser begießen, bis sie ganz bedeckt sind. Über Nacht stehen lassen. Den Saft in einen Topf gießen, aufkochen, wieder über die Schlehen gießen, wieder über Nacht stehen lassen. Das Ganze noch ein drittes Mal. Dann den Saft durch ein Tuch filtern, mit Zucker, Vanillezucker, Zimtpulver kochen, bis der Zucker aufgelöst ist. In Flaschen abfüllen. Schmeckt erfrischend in Mineralwasser oder zu Eis.

Senf oder Raps?

Im Mai leuchten große Felder ganz in Gelb: Der Raps blüht. Aus Raps wird Speiseöl hergestellt, aber auch Öl für Biokraftstoffe.

Rapsblüte

Rapsblüte innen

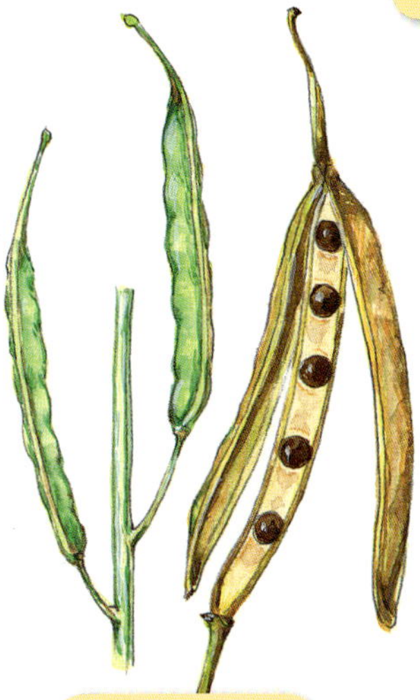

Senfblüte

Senfblüte innen

Senf-Frucht (Schote)

Raps-Frucht (Schote)

Raps

Ähnlich wie Raps sieht der Weiße Senf aus. Er blüht ab Juli, dann ist das Feld grün-gelb. Aus den Samen, die in kleinen Schoten reifen, wird der scharfe Senf hergestellt.

Senf

Wer ist hier unterwegs?

Auf den unbefestigten Wegen neben den Feldern lassen sich gut die Spuren von Tieren lesen, vor allem, wenn der Boden vom Regen etwas aufgeweicht ist. Noch besser sind die Spuren im Winter zu sehen, wenn eine Schneeschicht den Boden bedeckt. Welche Tiere haben hier ihre Spuren hinterlassen? Ordne die Spuren den Bildern zu.

Feldmaus

Wiesel

Reh

Hase schnell

Hase langsam

Fuchs

1

2

3

4

5

6

Hoch über den Feldern

Auf ihren Segel- und Gleitflügen sind über Feldern und Wiesen vor allem in den Sommermonaten die großen Greifvögel zu beobachten. Aus der Höhe erspähen sie mit scharfem Blick ihre Beute am Boden.

Der Turmfalke fliegt aus der Stadt hinaus aufs Land. Noch aus einer Höhe von 300 Metern erkennt er Mäuse, die über den Boden huschen. Dann saust er mit einer Geschwindigkeit von über 60 Stundenkilometern im Sturzflug auf sie herab.

Auch der Bussard fängt vor allem Mäuse. Er ist ein Ansitzjäger, das bedeutet, er sitzt auf einer Warte, etwa auf einem Weidezaunpfahl, und macht von da aus seine Beute ausfindig. Hat er etwas entdeckt, fliegt er sofort los.

Der Rotmilan ist an seinem gegabelten Schwanz zu erkennen. Von unten sieht man gut sein rötlichbraunes Bauchgefieder. Sein Verwandter, der Schwarzmilan, hat einen stärker gefächerten Schwanz.

Wenn die Greifvögel über den Feldern in der Luft schweben, sind sie nur an ihren Umrissen oder Silhouetten, dem Flugbild, zu erkennen. So sehen sie von unten aus:

Bussard

Turmfalke

Rotmilan

Schwarzmilan

Erkundungen am Bach

Leise plätschert und gluckert es: Ein Bach, der nicht künstlich begradigt ist, sondern sich seinen Weg suchen darf, ist ein sehr lebendiges Stück Natur und ein Teil des Wasserkreislaufs der Erde.

Hier siedeln sich Pflanzen an, die fließendes Wasser brauchen, Tiere finden Lebensraum und Nahrung. Und du kannst an heißen Sommertagen durch das kühle Wasser waten, rund gewaschene Kiesel suchen und erkunden, wer sich darunter versteckt.

Die Bachabschnitte und ihre Tiere

Woher kommt ein Bach? Vielleicht bist du schon einmal in einem Quellgebiet gewesen: Das Wasser tritt meist aus vielen kleinen Sickerquellen im Boden aus und sammelt sich in Rinnsalen.

Oberer Bachabschnitt

Die Rinnsale vereinigen sich zu einem Bachlauf. Schnell strömt das Wasser über Geröll und Felsen. Es strudelt und verwirbelt und wird auf diese Weise mit Sauerstoff angereichert. Bäche mit hoher Fließgeschwindigkeit verlaufen eher gerade und graben sich dafür tiefer in den Untergrund ein.

Mittlerer Bachabschnitt

Der Wasserlauf wird breiter, ebenso das Tal oder die Aue, durch die er fließt. Bereiche mit ruhig fließendem Wasser wechseln sich mit strömungsreichen Abschnitten ab. Jetzt geht der Bach nicht mehr so sehr in die Tiefe, sondern weitet sich an den Seiten aus, Windungen – sogenannte Mäander – entstehen.

Unterer Bachabschnitt

Breit, tief und ruhig fließt das Wasser dahin. Nicht mehr lange, und der Bach mündet in einen größeren Lauf oder einen Fluss.

 **Wie geht das?**

Wie aus Steinchen Fliegen werden: Köcherfliegen und ihre Larven

Was auf den ersten Blick aussieht wie kleine Steinchen, sind die Schutzhüllen für die Larven der Köcherfliege. Angefangen hat alles mit Eipaketen, die die Fliege im Wasser oder an Uferpflanzen abgelegt hat. Nach ein bis drei Wochen schlüpfen aus diesen Eiern die Larven. Aus Spinndrüsen sondern sie ein Sekret ab, mit dem sie Steinchen, Pflanzenteile, Sandkörner und andere winzige Bauteile zu einem Köcher zusammenkleben. Darin können sie in aller Ruhe wachsen und reifen. Bis zu zehn Monate dauert die Entwicklung der Larve. Dann verpuppt sie sich. Nach einem weiteren Monat verlässt die Puppe den Köcher und schwimmt an die Wasseroberfläche. Dort schlüpft aus der Puppe eine vollständig ausgebildete Köcherfliege.

Köcherfliegenlarve in ihrem Köcher

Nur für einen Tag?

Eintagsfliegen haben eine sehr kurze Lebensspanne, manche leben nur für wenige Stunden. Älter als eine Woche wird keine von ihnen. Diese Zeit nutzen sie zur Paarung und Eiablage; bald darauf sterben die Tiere.

Eintagsfliege

Wer lebt hier?

Strudelwürmer

Strudelwürmer gehören zu den Plattwürmern. Ihr Körper ist sehr flach und mit winzigen Wimpern besetzt. Mit ihnen können sich die Strudelwürmer fortbewegen. Es gibt sehr viele Arten, manche werden nur wenige Millimeter groß. Sie sind an die starke Strömung oberer Bachabschnitte angepasst.

Larven

Die Larven von Stein-, Eintags- und Köcherfliegen leben im Wasser. Das muss sehr sauber und klar sein – es ist also ein gutes Zeichen, wenn du solche Larven findest.

Steinfliegenlarve

Steinfliegenlarven haben einen abgeflachten Körper, sechs Beine und Anlagen für zwei Paar Flügel.

Steinfliege

Feuersalamander

Der Feuersalamander lebt nicht im Bach, aber seine Larven wachsen in ruhigen Bachabschnitten mit wenig Strömung und ohne Fischbestand heran. Jeder Feuersalamander trägt sein eigenes Muster aus schwarzen und gelben Streifen und Flecken. Die auffällige Färbung soll Fressfeinde abschrecken: Über Drüsen in der Haut kann der Feuersalamander ein giftiges Sekret absondern.

Bergmolche

Der Bergmolch lebt in der Nähe von Gewässern und ruhigen Bächen in waldreichen Gegenden. Nur während der Paarungszeit im Frühjahr halten die Molche sich fast ausschließlich im Wasser auf, dann zeigen die Männchen eine auffällige Färbung: Der Rücken leuchtet blau und hat schwarze Flecken. Die Unterseite ist immer auffällig orange gefärbt, auch bei den Weibchen.

Bachforellen

Bachforellen brauchen saubere, schnell fließende und kühlere Gewässer. Warmes, sauerstoffarmes Wasser mögen sie gar nicht. Wie groß die Fische werden, hängt vom Nahrungsangebot ab: In Bächen mit vielen Insektenlarven, kleinen Krebsen und Schnecken wachsen sie bis zu einer Länge von 80 Zentimetern heran.

Gründlinge

Der etwa 15 Zentimeter lange Gründling lebt in Bächen und Flüssen mit schneller Strömung. Wie die meisten Fische fühlt er sich in sauberem Wasser mit hohem Sauerstoffgehalt am wohlsten.

Grünes Leben im Bach

Was wächst im Wasser?

Es gibt Wasserpflanzen, die nur in fließenden Gewässern gedeihen. Durch die ständige Strömung enthält das Wasser mehr Sauerstoff und weniger Schmutz als zum Beispiel in einem Tümpel. Pflanzen in Bächen sind also immer ein gutes Zeichen!

Was wächst hier?

Brunnenkresse

Echte Brunnenkresse wächst in sauberen, kühlen Fließgewässern. Die eiförmigen Blättchen glänzen dunkelgrün und sitzen einander paarweise gegenüber. Die Stängel der Brunnenkresse sind hohl. Sie treiben im Wasser. Nur die Spitzen mit den Trieben schauen heraus. Im Juni zeigen sich dort kleine weiße Blüten. Echte Brunnenkresse bleibt auch im Winter grün und stirbt nicht ab. Und du kannst sie essen: Die Blättchen schmecken auf dem Butterbrot oder als Würzkraut in Suppen und Salaten. Einfach mal ausprobieren!

Flutender Hahnenfuß

Hahnenfußgewächse gibt es an Land und im Wasser. Der Flutende Hahnenfuß siedelt sich vor allem in größeren Bächen und Flüssen mit schneller Strömung an. Bis zu sechs Meter lang können die Stängel werden! Die weißen Blüten liegen über der Wasseroberfläche.

Bachquellkraut

Das Bachquellkraut ist eine zierliche Pflanze mit zehn bis 20 Zentimeter langen Stängeln und winzigen weißen Blüten. Wie alle Quellkräuter benötigt es klares, sauberes Wasser. Da solche Gewässer immer seltener werden, ist auch das Bachquellkraut nicht mehr sehr weitverbreitet.

Brunnenmoos

Brunnenmoos gehört zu den Laubmoosen. Es bildet dicke Stängel und Blätter; die Stängel können bis zu einen Meter lang werden. Brunnenmoos kann zu einem dichten Unterwasserteppich heranwachsen. Es klammert sich mit Haftwurzeln an Steinen fest und hält sich dort auch bei starker Strömung.

Unter die Lupe genommen

Ein Vogel taucht ab: der Eisvogel

Der bunte Eisvogel ist ein hervorragender Taucher. Er jagt kleine Fischchen. Meist beobachtet er von einem Ansitz aus seine Beute, bevor er abtaucht. Er stürzt sich aber auch direkt aus dem Rüttelflug – einem Fliegen auf der Stelle – ins Wasser.

Der Eisvogel wird nur etwa 16 Zentimeter lang. Sein Gefieder glänzt metallisch bunt. Daher kommt auch sein Name: Der hat nichts mit Eis zu tun, sondern mit einem Metall, nämlich Eisen.

Mach mit!

Hallo, Naturdetektive!

Nichts los am Bach? Das täuscht! Nur auf den ersten Blick ist alles ruhig. Halte Stift und Notizbuch bereit und lege dich geduldig auf die Lauer. Entdeckst du die hier abgebildeten Tiere?
Vielleicht entdeckst du sogar noch andere Bachbewohner: Manchmal schwimmt eine Bisamratte zielstrebig zu ihrem Bau. Sie ist zwar vor allem nachts aktiv, aber auch in der Dämmerung. Der Fischotter dagegen ist ein heimischer Wassermarder. Er ist ein hervorragender Schwimmer, der sich gern an flachen Flüssen aufhält. Notiere alles, was dir auffällt, in deinem Naturdetektiv-Notizbuch. Je genauer und geduldiger du hinschaust, desto mehr Geheimnisse wird die Natur dir preisgeben.

☐ Larven

☐ Eisvogel

☐ Gründling

☐ Bachforelle

☐ Wasseramsel

Spiel und Spaß am Bach

Das Wasser auf unserer Erde ist immer in Bewegung. Dafür sorgt zunächst einmal das Sonnenlicht: Durch die Sonnenwärme verdunstet ständig Wasser aus den Ozeanen, Seen, Flüssen und anderen Gewässern. Es gelangt als Wasserdampf in die Luft und fällt als Regen, Nebel, Hagel oder Schnee zurück auf die Erde. Dann sickert es in den Boden und speist über das Grundwasser die Quellen von Bächen und Flüssen. Bäche und Flüsse wiederum fließen zum Meer – und alles beginnt von vorn.

 ## Mach mit!

Wasserschlangen-Wettschwimmen

Aus Blättern lassen sich wendige Wasserschlangen zaubern: Die einzelnen Blätter werden mit Grashalmen zu einer langen Schlange zusammengeheftet. Wenn noch ein paar Freunde mitmachen, könnt ihr ein Wettschwimmen veranstalten. Dazu sollten eure Blätterwasserschlangen natürlich annähernd gleich lang sein. Je mehr Strömung der Bach hat, desto spannender wird es: Wessen Schlange schwimmt am schnellsten?

 ## Bastel mit!

Kartoffel-Wasserrad

Du brauchst: → eine möglichst runde Kartoffel → dünne Holzplättchen → einen geraden Stock → zwei Astgabeln → ein Taschenmesser

So geht's: Hast du Astgabeln, Stock und Holzplättchen gesammelt? Dann kommt zuerst der Stock zum Einsatz: Den bohrst du quer durch die Kartoffel. Mit Drehbewegungen geht das am besten; vielleicht musst du auch mit dem Taschenmesser etwas nachhelfen. Probier mal, ob die aufgespießte Kartoffel sich drehen lässt. In Drehrichtung (parallel zum Stock) setzt du dann die Holzplättchen ein, das sind die Schaufeln des Wasserrades. Mindestens vier sollten es schon sein. Jetzt bohrst du die beiden Astgabeln in den Bachgrund: Achte darauf, dass die Gabelungen auf gleicher Höhe sind, damit der Stab mit der Kartoffel gerade liegt, wenn du ihn einsetzt. Mit der Höhe musst du ein bisschen experimentieren: Die Radschaufeln müssen weit genug ins Wasser reichen, damit die Strömung sie erfasst. Je stärker die Strömung ist, desto schneller dreht sich nun dein Kartoffel-Wasserrad.

Spiel mit!

Auf großer Fahrt

Boote aus Tetrapak-Karton oder Kunststoffverpackungen sind schnell gebastelt und schwimmen gut – im Bach ebenso wie im Teich oder Meer.

Du brauchst: ➜ Tetrapak-Kartons, zum Beispiel leere Getränkekartons, oder ovale Plastikbehälter, beispielsweise von Eisverpackungen ➜ Schaschlikspieße als Masten ➜ Styropor oder Knete ➜ Klebstoff ➜ Papier (DIN A5) ➜ evtl. wasserfeste Acrylfarbe und einen Pinsel ➜ Schnur

So geht's: Den Getränkekarton der Länge nach durchschneiden – das ergibt schon mal zwei Bootsrümpfe. Oder du nimmst eine leere Eisverpackung ohne Deckel. In den Bootsrumpf klebst du ein Stückchen Styropor oder einen Klumpen Knete. Da hinein bohrst du einen Schaschlikspieß, das ist der Schiffsmast. Nun lochst du ein Blatt Papier am oberen und unteren Rand und steckst es als Segel auf den Mast.

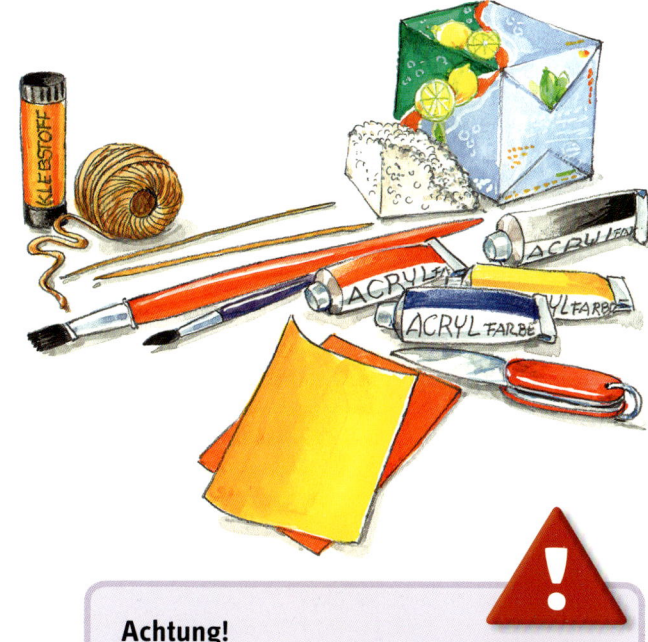

Achtung!

Tetrapak und Plastik haben in der Natur nichts zu suchen. Deshalb passt du natürlich gut auf, dass dein Boot nicht davongetrieben wird! Schließlich hast du ja auch eine Menge Arbeit hineingesteckt. Lass es also am besten nur an der langen Leine schwimmen, damit es nicht auf Nimmerwiedersehen verschwindet.

Farbiges Papier sieht besonders schön aus. Auch der Schiffsrumpf kann noch mit wasserfester Acrylfarbe angemalt werden. Zum Schluss bohrst du am hinteren Schiffsteil, dem Heck, ganz oben ein kleines Loch und befestigst die Schnur, damit du dein Boot jederzeit aus dem Wasser holen kannst.

Die Wasserwelt der Weiher und Seen

Gewässer sind ein schöner Anblick in der Landschaft. Hier bewegt sich immer etwas, und das ganze Jahr hindurch gibt es viel zu beobachten, am Ufer, auf dem und unter Wasser. Ob großer See oder kleiner Teich: Alle Gewässer mit ihren Tieren und Pflanzen sind schützenswerte Lebensräume. Wer etwas sehen will, muss leise und vorsichtig sein.

Leben im Wasser

Seen, Teiche, Weiher und Tümpel sind im Unterschied zum Fließgewässer Bach stehende Gewässer. Ein Weiher ist – wie der Teich – ein kleiner, nicht sehr tiefer See. Weiher sind natürliche Gewässer, Teiche sind künstlich angelegt. Seen haben oft einen Zu- und Abfluss. Tümpel sind flache, kleine Gewässer, die austrocknen können, wenn es lange Zeit nicht regnet.

Die größeren Gewässer, Seen und Weiher, sind von einer Zone mit Pflanzen umgeben. Sie ist ein gutes Versteck vor allem für Vögel. Im flacheren Wasser am Ufer wimmelt es von winzigen bis kleinen Lebewesen. In tieferen Bereichen leben die Fische. Und auf dem Wasser finden sich Enten und andere Schwimmvögel ein. Hier kann man besonders im Sommer viele Tiere beobachten.

 ## Wer lebt hier?

Auf dem Wasser

Stockente

Sie sieht man am häufigsten. Das Männchen ist an seinem grün glänzenden Kopfgefieder zu erkennen. Das Weibchen ist mit dem unscheinbar bräunlichen Gefieder beim Brüten gut getarnt. Wenn die Küken aus den Eiern geschlüpft sind, folgen sie gleich der Mutter, auch aufs Wasser.

Haubentaucher

Oft sieht man sie abtauchen und an anderer Stelle nach etwa einer halben Minute wieder an die Wasseroberfläche kommen. Haubentaucher fangen unter Wasser Fische und Insekten. Ihr Nest bauen sie in der geschützten Uferzone auf dem Wasser. Die Jungen können sofort schwimmen. Aber sie hüpfen auch gern auf den Rücken der Eltern und lassen sich tragen.

Teichralle und Blässralle

Teichralle

Blässralle

Teichhuhn und Blässhuhn werden sie oft genannt; sie sind aber keine Hühner. Der rote Schnabel und Stirnansatz unterscheidet die Teichralle von der Blässralle. Bei ihr sind Schnabel und Stirn weiß. Rallen bauen ihre Nester nah am Wasser. Die Jungen werden von Vater und Mutter gemeinsam ausgebrütet und gefüttert.

Schwan

Vor allem auf großen Seen finden sich Höckerschwäne ein. Ihren langen Hals können sie tief ins Wasser tauchen, so gründeln sie am Gewässerboden nach Schnecken, Muscheln und Kleintieren. Ausgewachsene Schwäne haben ein weißes Gefieder, die Jungen bis zum Ende des ersten Lebensjahres ein graues.

Im Wasser

Dreistachliger Stichling

Der Stichling wird kaum größer als zehn Zentimeter. Er hat keine Schuppen, sondern eine mit länglichen Knochenschienen gepanzerte Haut. Auf seinem Rücken sitzen drei Stacheln. In der Zeit der Fortpflanzung haben die Männchen einen roten Bauch. Sie bauen am Boden des Gewässers aus Pflanzenteilen ein Nest, und das Weibchen legt die Eier hinein.

Karpfen

In Schwärmen ziehen die großen rundlichen Fische ruhig durchs Wasser. Sie stammen ursprünglich aus Asien und werden seit hunderten von Jahren schon in vielen Teichen gezüchtet. Wildkarpfen gibt es kaum noch.

Teichmuschel

Am Grund von stehenden Gewässern lebt diese bis zu 20 Zentimeter große Muschel. Sie ist selten zu sehen, aber manchmal liegen leere Schalen am Ufer. Muscheln können über 100 Jahre alt werden.

Am Ufer

Rohrsänger

Die kleinen Vögel brauchen dichtes Schilf. Sie sind kaum zu entdecken, aber mit ihrem Zwitschern häufig zu hören. Bei uns leben der Schilfrohrsänger, Sumpfrohrsänger und Teichrohrsänger, der auch Rohrspatz genannt wird. Sie bauen ihre weich ausgepolsterten Nester zwischen den Halmen des Schilfs.

Wasserspitzmaus

Diese Spitzmaus kann hervorragend schwimmen. Haarsäume an den Hinterpfoten und Borsten am Schwanz wirken wie Schwimmhäute. Das Fell der Wasserspitzmaus ist sehr dicht und wirkt unter Wasser durch Luftbläschen silbrig. Sie taucht nach Wasserinsekten, Schnecken und kleinen Fischen.

Ringelnatter

Die Ringelnatter gleitet auch gern durch das Wasser. Sie frisst Frösche, Mäuse, Fische, Insekten. Versteckt am Ufer legt das Weibchen die Eier, aus denen nach etwa zwei Monaten die kleinen Schlangen schlüpfen.

Froschkonzert und flinke Flieger

Auch Tiere, die nicht ständig im See oder Teich leben, sind zu ihrer Fortpflanzung auf Gewässer angewiesen. Im Wasser legen sie ihre Eier ab, und dort findet auch die Entwicklung der Jungen statt. So ist das zum Beispiel bei den Fröschen und bei den Libellen.

Verwandlung im Wasser

Wie bei Insekten gibt es auch bei den Lurchen, zu denen die Frösche gehören, eine Metamorphose. So verläuft sie beim Wasser- oder Teichfrosch:

Frosch, Kröte oder Unke?

Frösche haben kräftige Hinterbeine und sind die Weitspringer unter den Lurchen. Auf 50 Zentimeter bringt es der Grasfrosch. Die Haut der Frösche ist glatt, ihr Körper ist länglich. Kröten sind gedrungener, sie laufen auf allen vieren und hüpfen nur kurz. Ihre Haut ist warzig. Unken sehen ähnlich aus wie Kröten, sind aber Frösche. Auch Kröten und Unken geben Töne von sich, sie klingen meist hohl und dumpf.

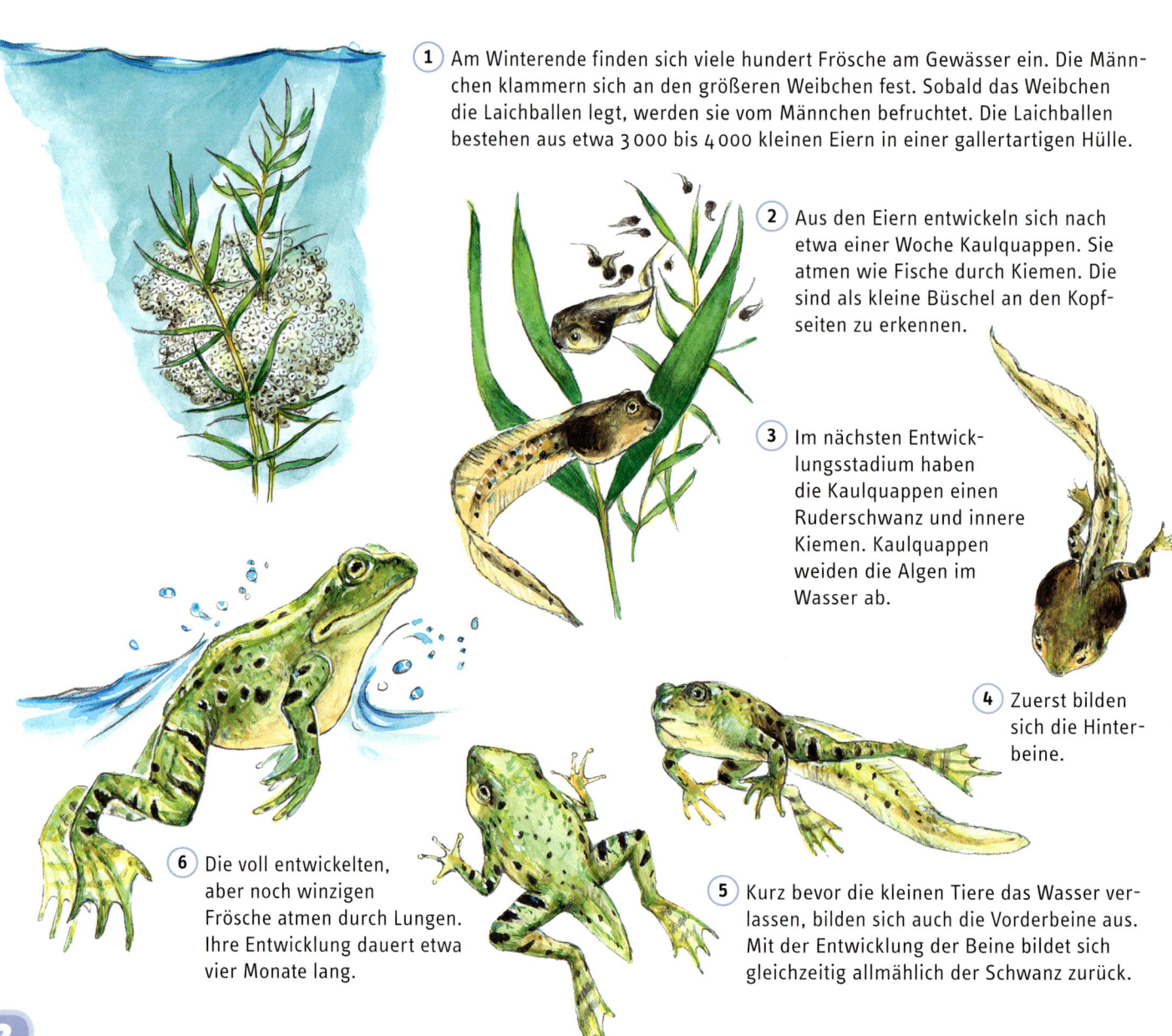

1) Am Winterende finden sich viele hundert Frösche am Gewässer ein. Die Männchen klammern sich an den größeren Weibchen fest. Sobald das Weibchen die Laichballen legt, werden sie vom Männchen befruchtet. Die Laichballen bestehen aus etwa 3 000 bis 4 000 kleinen Eiern in einer gallertartigen Hülle.

2) Aus den Eiern entwickeln sich nach etwa einer Woche Kaulquappen. Sie atmen wie Fische durch Kiemen. Die sind als kleine Büschel an den Kopfseiten zu erkennen.

3) Im nächsten Entwicklungsstadium haben die Kaulquappen einen Ruderschwanz und innere Kiemen. Kaulquappen weiden die Algen im Wasser ab.

4) Zuerst bilden sich die Hinterbeine.

6) Die voll entwickelten, aber noch winzigen Frösche atmen durch Lungen. Ihre Entwicklung dauert etwa vier Monate lang.

5) Kurz bevor die kleinen Tiere das Wasser verlassen, bilden sich auch die Vorderbeine aus. Mit der Entwicklung der Beine bildet sich gleichzeitig allmählich der Schwanz zurück.

Libellen

Auffallend sind ihre langen, dünnen Körper und der bewegliche Kopf mit den großen Augen. Zwei bis acht Zentimeter große Libellen gibt es bei uns, die größten haben eine Flügelspannweite von über zehn Zentimetern. Alle Libellen sind wendige Flieger. Im Flug machen sie Jagd auf kleine Insekten.

Am häufigsten ist die Blaugrüne Mosaikjungfer. Das Männchen hat blaue und grüne Flecken, das Weibchen grüne. Bei der Gebänderten Prachtlibelle haben die Männchen blaue Streifen auf allen vier Flügeln. Häufig ist auch der Plattbauch, bei dem der Hinterleib breiter ist als bei anderen Libellen. Beim Männchen ist er blau, beim Weibchen bräunlich.

Blaugrüne Mosaikjungfer

Unter die Lupe genommen

Larvenhülle

Libellen machen wie alle Insekten eine Verwandlung durch. Die Weibchen legen ihre Eier an Gewässerpflanzen ab. Aus den Eiern schlüpfen Larven, die im Wasser von kleinen Fischen, Kaulquappen und Würmern leben. Sie klettern an Pflanzenstängeln an die Oberfläche. Die Haut der Larven reißt am Rücken auf, die Libelle zwängt Kopf und Brust aus der Hülle, dann Beine und Hinterleib. Sie streckt die Flügel, bis sie durchsichtig werden. Dann fliegt sie davon. Zurück bleibt die vertrocknete leere Hülle.

Wer hüpft und quakt da?

Wasserfrosch

Er hält sich sein Leben lang in der Nähe von Gewässern auf, oft sitzt er am Ufer und sonnt sich. Bei Gefahr springt er sofort ins Wasser. Wenn Wasserfrösche quaken, sind an den Kopfseiten die Schallblasen zu sehen.

Laubfrosch

Nur zum Laichen kommt dieser etwa fünf Zentimeter große Frosch zum Wasser. Er lebt auf Bäumen und im Gebüsch. An den Zehen hat er kleine Haftscheiben. Der Laubfrosch ist kräftig grün, aber je nach Untergrund kann seine Hautfarbe ins Graue, Braune oder Gelbliche gehen. Beim Laubfrosch sitzt die Schallblase am Kinn. Er ist einer der lautesten Frösche.

Grasfrosch

Der Grasfrosch hat eine bräunliche Haut, manchmal mit hellen Streifen am Rücken. Er kommt bei uns am häufigsten vor, sowohl im Wald als auch auf Wiesen.

Springfrosch

Über zwei Meter weit kann dieser Frosch springen. Er ist nur zur Laichzeit an Gewässern, sonst lebt er in den feuchten Bereichen von Wäldern.

Pflanzen am Wasser

Am Ufer, im Bereich des flachen Wassers, gedeihen viele Pflanzen, die farbenprächtige Blüten ausbilden, von denen dann unzählige Insekten angelockt werden. Die Pflanzen dieser Zone wurzeln im Gewässergrund, und der ist oft sehr nährstoffreich und wirkt wie Dünger, sodass sie sich üppig ausbreiten. Einige wachsen sogar so stark, dass die Gewässer von den Rändern her immer mehr verlanden. Da passiert es schnell, dass ein Tümpel kaum noch klares Wasser enthält.

 ## Was wächst hier?

Gewöhnliches Schilf

Im Schilf brüten die meisten Wasservögel. Schilf ist ein bis zu drei Meter hoch wachsendes Gras, das mit seinen dichten Beständen den Tieren eine gute Schutzzone bietet.

Blutweiderich und Gilbweiderich

In einem kräftigen Purpur leuchten die Blütenkerzen des Blutweiderichs. Die gelben Blüten des Gilbweiderichs bilden Trauben an den Stängelspitzen.

Teichsimse

Die Hohe Teichsimse hat runde, glatte Stängel und trägt kleine Rispen mit Ährchen. Sie ist wichtig für die Uferbefestigung.

Kleine Wasserlinse

Diese Schwimmpflanze bildet mit ihren kleinen Blättchen einen grünen Teppich auf der Wasseroberfläche. Entengrütze oder Entenflott wird sie auch genannt, weil diese Vögel gerne davon fressen.

Rohrkolben

Die großen braunen Kolben sind die weiblichen Blüten, an deren Spitze die helleren männlichen Blüten sitzen. Im Herbst lösen sich aus den Kolben die Samen und fliegen davon. So breitet sich der Rohrkolben schnell aus. Er lässt Gewässer verlanden.

Weiße Seerose

Die Weiße Seerose hat bis zu 15 Zentimeter große rundliche Schwimmblätter. Sie liegen wie Flöße auf dem Wasser, und die kleinen Küken der Teichralle können darüberlaufen. Die weißen Blüten schließen sich in der Nacht.

Wer lebt hier?

Die kleinen Tiere im Wasser

Spinnen

Wasserspinne und Listspinne kommen im und am Wasser vor. Die Listspinne lauert auf den Schwimmblättern von Wasserpflanzen auf ihre Beute. Die fängt sie jagend, und sogar kleine Fische kann sie erwischen.
Die Wasserspinne baut unter Wasser ihr Nest. Bei jedem Tauchgang nimmt sie an feinen Härchen am Hinterleib eine Luftblase mit. Sie baut ein Netz, das sie an Pflanzen befestigt – und hinein kommen die Luftblasen, bis eine Luftglocke entstanden ist. Der Luftvorrat reicht für ein paar Monate.

Listspinne

Wasserspinne

Wasserflöhe

Sie entdeckt man beim Käschern. Wasserflöhe sind sehr klein und durchsichtig. Sie sind aber keine Flöhe, sondern winzige Krebse. Je nach Wasserqualität können sie ganz unterschiedlich aussehen.

Gelbrandkäfer

Er ist mit seinem flachen Rücken und dem breiten hinteren Beinpaar ein perfekter Schwimmer, der sich unter Wasser schnell und wendig bewegt. Damit er dort atmen kann, nimmt er unter den Flügeln von der Oberfläche Luft mit. Gelbrandkäfer machen Jagd auf kleine Tiere im Wasser.

Rückenschwimmer

Diese Art der Wasserwanzen läuft von unten an der Wasseroberfläche, also wirklich verkehrt herum. Wenn ein kleines Insekt ins Wasser fällt, packt der Rückenschwimmer es mit den Vorderbeinen. Bei Gefahr taucht er schnell ab. Zum Atmen muss er immer wieder an die Oberfläche kommen.

Wasserschnecken

Bernsteinschnecke, Schlammschnecke und Posthornschnecke weiden Wasserpflanzen ab. Sie sind Lungenschnecken, zum Atmen müssen sie in regelmäßigen Abständen auftauchen.

Posthornschnecke

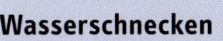

Unter die Lupe genommen

Auf dem Wasser laufen

Wieso sinken die Wasserläufer nicht ein? Auf dem Wasser bildet sich durch die Spannung auf der Oberfläche eine Art Wasserhaut, die sie trägt. Sie wird nur ganz leicht eingedellt, das ist mit bloßem Auge kaum zu erkennen. An den Spitzen der Füße haben Wasserläufer viele feine Borstenhaare, sodass sich ihr Gewicht noch zusätzlich verteilt. Diese Härchen sind außerdem fettig, und Fett ist wasserabweisend.

Spiel und Spaß am Teich

Bastel mit!

Becherlupe basteln

Das Beobachten geht am besten mit einer Becherlupe. Die kannst du selbst basteln. Du brauchst eine Blechdose, aus der Deckel und Boden entfernt sind. Über das eine Ende wird kräftige durchsichtige Plastikfolie gespannt, dabei dürfen keine Falten in der Folie entstehen. Mit Gummibändern wird sie stramm an der Dose befestigt. Setzt du sie jetzt auf die Wasseroberfläche, kannst du ohne Spiegelung unter Wasser gucken. Weil sich die Folie wölbt, erscheint alles vergrößert wie durch eine Lupe. Mit der Becherlupe lassen sich Algen und sogar die kleinen Wasserflöhe gut erkennen.

Simsenfloß bauen

Aus der Teichsimse (siehe S. 64) lässt sich vieles basteln, etwa ein kleines Floß. Du brauchst etliche Stängel. Die schneidest du auf gleiche Länge zu. Leg dann die einzelnen Stängel mit kleinem Abstand nebeneinander und beschwere die eine Seite am besten mit einem Backstein, sodass sie nicht verrutschen kann. Dann nimm die gleiche Anzahl Stängel und web sie quer in die liegenden ein: Jeder Stängel wird einmal unter, einmal über einen der längs liegenden Stängel geführt, und bei der nächsten Reihe wird es genau umgekehrt gemacht. So entsteht nach mehreren Reihen ein dichtes Geflecht. Jetzt brauchst du noch einen kleinen Stock. Der wird in ein großes Blatt gepiekst, gut geeignet sind die Blätter der Pestwurz. Der Stock kommt in die Mitte vom Floß, und das wird auf Seereise geschickt.

Darf man tümpeln oder käschern?

Alle Lurche und Kriechtiere – also Frösche, Unken, Kröten, Molche sowie Schlangen und Echsen –, Libellen und viele andere kleine Tiere sind bei uns streng geschützt. Man darf sie nicht der Natur entnehmen, auch nicht als Larven oder Kaulquappen. Und auch dann nicht, wenn man sie wieder zurücksetzt. Man kann sie aber jeden Tag an den Gewässern beobachten. Auch viele Pflanzen dort gehören zu den geschützten Arten.

Bastel mit!

Schwimmkerzen basteln

Du brauchst:
→ leere Hälften von Walnussschalen → kurze Dochte und Kerzenreste

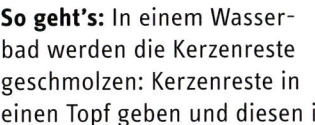

So geht's: In einem Wasserbad werden die Kerzenreste geschmolzen: Kerzenreste in einen Topf geben und diesen in einen größeren Topf stellen, der etwa halb mit Wasser gefüllt ist. Das flüssig gewordene Wachs wird vorsichtig in die Walnussschalenhälften gegeben, mit einem Esslöffel lässt es sich gut dosieren. Solange das Wachs noch flüssig ist, werden die Dochte hineingesetzt – mit einer Pinzette. Danach das Wachs in den Walnussschalen hart werden lassen.

Dann geht es an einem Abend zum nächsten See oder zum Dorftümpel. Die Schwimmkerzen werden angezündet und aufs Wasser gesetzt.
Tiere dürfen dabei aber nicht gestört werden. Sucht am Ufer eine Stelle ohne Pflanzenbewuchs!

Fotocollage

Eine Bastelidee für alle, die gern fotografieren: Vom genau gleichen Standpunkt aus – der wird mit einem Stock markiert – werden zu verschiedenen Tageszeiten Fotos gemacht, am ganz frühen Morgen bei Sonnenaufgang, in der Mittagszeit, am Nachmittag und am Abend in der Dämmerung. Die entwickelten Bilder zeigen gut, wie sich der See in dieser Zeit verändert. Die Bilder werden in einem Rahmen angeordnet, und dann kommen Fundstücke wie Vogelfedern, Schneckenhäuser oder Gräser dazu. Alles wird mit Klarsichtstreifen und Kleber befestigt. So entsteht mit der Zeit eine Collage.

Spiel mit!

Zielwasser

Für dieses Spiel braucht ihr einen flachen Zugang zu einem See oder Teich, ein Glas und ein Fünf-Cent-Stück. Das Glas stellt ihr in etwa 30 Zentimetern Tiefe ins Wasser. Der Reihe nach versucht jeder, das Fünf-Cent-Stück so ins Wasser zu setzen, dass es genau ins Glas sinkt. Wer schafft das? Die Münze trudelt im Wasser auf unvorhergesehener Bahn. Ist es mit einem Ein-Euro-Stück leichter?

Geheimnisvoller Wald

Große Waldgebiete gibt es immer noch in Deutschland,
Laub- und Misch- sowie Nadelwälder, die sich weit
ausdehnen, vor allem über Berge.

In den Wäldern ist die Luft gut, hier halten sich Frische und
Feuchtigkeit länger, die Stille und die leisen Geräusche von
Tieren und das Grün wirken beruhigend: Wälder sind ein
Ruhe- und Erholungsort für Menschen.

Vor allem aber sind die Wälder mit ihren verschiedenen
Pflanzen, vom Baum bis hin zum Moos, der Lebensraum
vieler Tiere.

Im Mischwald

Mischwald nennt man einen Wald, in dem sowohl Laubbäume als auch Nadelbäume wachsen. Urwälder gibt es bei uns nur noch wenige. Die meisten Wälder sind Forste, das heißt, die Bäume dort wurden angepflanzt.

Wälder werden „grüne Lungen" genannt. Bäume stellen bei Sonnenlicht durch das Grün ihrer Blätter Sauerstoff her, den Menschen und Tiere zum Atmen brauchen. Jeder einzelne Baum reinigt die Luft: Staub und Schadstoffe lagern sich auf Blättern und Nadeln ab, der Regen spült sie ab. Sind es aber zu viele Schadstoffe, schädigen sie den Baum.

Wovon lebt ein Baum? Er ist mit den Wurzeln im Erdreich verankert. Wichtig für das Baumleben sind die feinen Verästelungen der Wurzeln. Sie nehmen aus der Erde das Wasser auf, in dem sich Nährstoffe befinden. Dieses verdunstet in den Blättern und dabei entsteht ein Sog, durch den von unten wieder neues Wasser über die Leitungsbahnen in den ganzen Baum gezogen wird.

Wer lebt hier?

Reh

Rehe leben im Dickicht des Waldes, erst in der Dämmerung kommen sie aus dem Unterholz hervor. Dort werden auch die Kitze geboren, oft sind es Zwillinge. Sie liegen ganz still, damit sie nicht entdeckt werden. Die Mutter kommt einmal am Tag, um sie zu säugen. Beim Rehwild wird das Weibchen Ricke genannt, das Männchen Rehbock.

Rothirsch

Rothirsche sind größer als Rehe. Bei ihnen heißt das Junge Hirschkalb und das Weibchen Hirschkuh. Hirschkühe bilden Rudel, denen sich auch die Kälber nach einiger Zeit anschließen. Die ersten Lebenstage verharren sie reglos im Versteck. Rothirschmännchen haben ein Geweih. Im Spätherbst zeigen sie, wer am stärksten ist, dann röhren sie laut im Wald und kämpfen miteinander.

Gut getarnte Tierkinder

Rehkitze und Hirschkälber haben ein gelblichbraunes Fell mit hellen Tupfen, Frischlinge sind gelbbraun gestreift. Streifen und Tupfen lösen die Umrisse auf, und im Licht- und Schattenspiel des Waldes kommt die Tarnung noch mehr zur Geltung.

Jungtiere darf man nie anfassen. Wittern die Mütter den fremden Geruch, verlassen sie das Junge.

Wildschwein

Die wilden Schweine mit dem borstigen dunklen Fell sind die Vorfahren der Hausschweine. Wildschweinmütter, die Bachen, leben in Gruppen zusammen mit den Jungen, den Frischlingen, während die jungen Männchen eigene Gruppen bilden. Die älteren Männchen, die Keiler, sind Einzelgänger.

Unter die Lupe genommen

Umgepflügter Waldboden

An manchen Stellen sieht der Waldboden ganz zerwühlt, fast verwüstet aus. Wer macht so etwas? Hier haben Wildschweine nach Nahrung gesucht. Mit ihren kräftigen Schnauzen stoßen sie die oberen Erdschichten beiseite. Und da sie sehr feine Nasen haben, finden sie Würmer, Larven, Käfer, manchmal eine Maus, Wurzeln, Bucheckern, Eicheln und vieles andere. Denn Wildschweine sind Allesfresser.

Dachs

Mit kräftigen Krallen an den Pfoten gräbt der Dachs seinen Bau in die Erde. Manche Baue bestehen schon seit vielen Jahrzehnten und werden von der ganzen Dachsfamilie bewohnt. Tief im Innern liegt der ausgepolsterte Kessel, in dem auch die Dachswelpen geboren werden. Dachse sind bei uns die größten Marder.

Rotfuchs

Der Fuchs bewohnt eher die Waldränder als den tiefen Wald. Auch er gräbt einen Bau. Junge Füchse werden über vier Wochen lang gesäugt. Wenn sie älter werden, ist die Mutter – oft auch der Vater – nachts und tagsüber unterwegs, um Futter zu suchen. Die Jungen toben und balgen in der Nähe des Baus und üben dabei spielerisch fürs Fuchsleben.

Eichelhäher

Vielleicht liegt am Waldboden eine kleine blau-schwarze Feder dieses Rabenvogels. Der Eichelhäher frisst vieles und legt im Boden Futtervorräte an. Aber nicht alle rund 1 000 versteckten Nüsse, Eicheln, Bucheckern oder Beeren findet er wieder; und so trägt er zur Verbreitung vieler Pflanzen im Wald bei. Eichelhäher können die Stimmen anderer Tiere nachahmen.

Mach mit!

Tiere beobachten

Wer Tiere beobachten will, sollte morgens oder abends in der Dämmerung losgehen und gar nicht erst versuchen, sich anzuschleichen. Dann knackt doch ein Zweig unter den Füßen oder der Ruf des Eichelhähers warnt alle Waldbewohner. Die meisten Tiere nehmen vor allem Bewegungen wahr, deshalb ist es am besten, an einer Stelle sitzen zu bleiben und sich in Geduld zu üben. Beim stillen Warten kann man auch gut die Geräusche des Waldes hören.

Hohe Bäume, kleines Moos

Ein Wald – das bedeutet Bäume! Aber der Wald ist noch viel mehr, denn er wird aus Stockwerken mit den unterschiedlichsten Pflanzen gebildet: unten die Moos- oder Bodenschicht, darüber die Kraut- schicht mit Farnen und Gräsern, dann die Strauch- schicht und schließlich die Baumschicht.

Vor allem alte Bäume sind in den Wäldern der Lebensraum für Tiere wie Hirschkäfer, Spechte, Fledermäuse oder Hohltauben. Wie alt mag ein großer Baum sein? Das ist zu erkennen, wenn er gefällt wurde. Da zeigt sich, wie das Innere des Stamms aufgebaut ist. Die Borke ist die äußerste

Schicht der Rinde. Die kann glatt sein wie bei der Buche, knorrig wie bei der Eiche oder schuppig wie bei der Kiefer. Im Inneren des Stamms ist eine ringförmige Maserung zu sehen – das sind die Jahresringe. Jeder Ring besteht aus einem schmalen dunklen und einem breiteren hellen Ring, zusammen zeigen sie ein Jahr an. An den Jahresringen lässt sich also abzählen, wie alt ein Baum geworden ist.

Jahresringe eines Baumes

Und was wächst im Wald?

Moose und Farne

Moos saugt sich mit Regenwasser voll und hält die Feuchtigkeit. Manche Moose haben winzige fedrige Blätter, andere sehen lappig aus. In gestielten Kapseln auf dem Moos entwickeln sich die Sporen, durch die es sich fortpflanzt.

Auch Farne vermehren sich durch Sporen. Die sitzen oft auf der Unterseite der Farnwedel. Besonders häufig sind in den Wäldern Adlerfarn, Wurmfarn und Wald-Frauenfarn zu finden.

Bärlauch

Früh im Jahr riecht es in manchen Wäldern nach Knoblauch – dann gedeiht eine verwandte Pflanze, der Bärlauch. Er hat lange, schmale Blätter und eine Dolde mit sternförmigen weißen Blüten. Bis zur Blüte können die Blätter geerntet und gegessen werden.

Ranken

Lianen gibt es auch bei uns: Wald-Rebe, Wald-Geißblatt und Efeu ranken an Sträuchern und Bäumen in die Höhe. Alle drei Pflanzen sind giftig. Das Wald-Geißblatt hat gelbliche Blüten, die mit ihrem starken Duft vor allem Nachtfalter anlocken. Der Efeu blüht im September/Okto- ber mit kleinen grüngelben Dolden. Die Blätter des Efeu fallen auch im Winter nicht ab – Efeu ist „immergrün".

Waldgeißblatt

Efeu

Weder Tier noch Pflanze

Pilze sind keine Pflanzen. Pflanzen enthalten das Blattgrün, aber Pilze sind vielfältig gefärbt.
Vor allem der Fliegenpilz fällt mit seinem roten, weiß betupften Hut auf. Für uns ist er giftig, aber das Eichhörnchen kann ihn fressen. Pilze darf nur sammeln, wer sie genau kennt. Giftige und ungiftige Pilze sehen sich manchmal sehr ähnlich. Die bekanntesten essbaren Pilze sind der Steinpilz und der Pfifferling. Pilze werden nicht abgeschnitten oder herausgerissen, sondern vorsichtig mit dem ganzen Stiel und dem Wulst herausgedreht.
Erstaunlich: Der Pilz mit Hut und Fuß ist gar nicht das Lebewesen. Das ist nur der Fruchtkörper, so wie ein Apfel oder eine Birne. Der eigentliche Pilz lebt im Boden. Er breitet sich unterirdisch mit einem Geflecht aus dünnen weißen Fäden aus. Dieses Fadengeflecht ist das Myzel. Und noch ein Unterschied zur Pflanze gibt es: Pilze bilden keine Samen, sondern vermehren sich durch winzig kleine, ganz verschiedenartig geformte und gefärbte Sporen.

Pfifferlinge

Maiglöckchen

Schlüsselblume

Waldmeister

Die Frühblüher und die Schattenblumen

Bevor das Laub der Bäume wächst, fällt viel Sonnenlicht auf den Boden. Dann kommen die Frühblüher zum Vorschein. Die Schlüsselblume oder Primel ist einer der ersten, bald folgen blaues Leberblümchen, weißes Buschwindröschen, violettes Veilchen.
Je dichter das Laub wird, desto dunkler wird es im Wald. Die Zeit der Schattenblumen beginnt. Zu ihnen gehören Waldglockenblume, Maiglöckchen, Waldsauerklee und Waldmeister.

Spiel mit!

Waldgeisterweg

Bei diesem Abenteuerspiel geht es nicht nur darum, eine Strecke durch den Wald zu finden. Vorher sind einige Vorbereitungen notwendig. Die Strecke ist nämlich an den Waldgeistern zu erkennen. In unregelmäßigen Abständen sucht ihr Bäume mit besonderen Kennzeichen: mit Astlöchern, abgebrochenen Ästen, Verwachsungen, Wucherungen. Schaut sie euch genau an, ob sich daraus nicht ein Waldgeistgesicht machen lässt, zum Beispiel mit einem Stückchen Moos als Haar, einem Tannenzapfen als Nase, mit Hagebutten als rote Augen, mit Eicheln, Gräsern, Holzstücken, Vogelfedern, Kiefernnadeln und anderen Naturmaterialien, die ihr im Umkreis findet. Bei der Streckensuche geht es dann nur noch diesen Waldgeistern nach.

Unter Eichen und Buchen: im Laubwald

Laubwälder sehen ganz unterschiedlich aus. In unseren Wäldern wachsen meist Rotbuchen und Stiel-Eichen sowie die Vogelbeere. Laubwälder ziehen sich oft über hügelige Gebiete, wo der Wald oft ebenfalls aus Rotbuchen, und zudem aus Ulmen, Eschen und Berg-Ahorn besteht.

Im Flachland sind vor allem Wälder mit Hainbuchen, Stiel- und Trauben-Eichen, Ahorn und Winterlinden verbreitet. In ihnen wächst eine dichtere Strauchschicht mit Weiß- und Schwarzdorn, Hasel- und Holunder-Büschen. In diesen Wäldern leben die meisten Tiere.

Wer lebt hier?

Mäuse

Besonders häufig lebt im Wald die Gelbhalsmaus. Die Waldmaus sieht ihr ganz ähnlich. Beide haben große Augen wie fast alle Tiere, die nachtaktiv sind, und lange Schwänze, das Kennzeichen der Echten Mäuse.

Waldmaus

Bilche

Sie werden auch Schlafmäuse genannt, obwohl sie keine Mäuse sind. Alle Bilche kommen im Laubwald vor: die Haselmaus, die auch in der Hecke wohnt, der Gartenschläfer, der auch in Obstwiesen lebt, sowie Siebenschläfer (siehe S. 13) und Baumschläfer. Bilche haben einen langen Schwanz. Nachts sind sie munter, suchen Früchte wie Nüsse und Beeren, Knospen, Samen und Insekten. Sie halten einen langen Winterschlaf.

Gartenschläfer

Kuckucke

Zu hören ist der etwa taubengroße Kuckuck im Sommer oft, blicken lässt er sich dagegen nur selten. Das Weibchen sucht im Wald das Nest eines Singvogels, zum Beispiel das des Zaunkönigs. Es wartet, bis die Vogeleltern weggeflogen sind, dann nimmt es ein einziges Ei aus dem Nest und legt sein eigenes hinein. Ist der junge Kuckuck geschlüpft, wirft er die anderen Eier aus dem Nest. Die kleinen Vogeleltern füttern das große Kuckuckskind mit Insekten und Raupen.

Waldfledermäuse

Ein Wald mit Unterholz und alten Bäumen ist der beste Lebensraum für viele Fledermäuse, wie zum Beispiel für die Großen und Kleinen Abendsegler, das Braune Langohr oder die Bechsteinfledermaus. Baumhöhlen sind für sie besonders geeignet als Kinderstube, als Schlafplatz für den Sommer oder Winterschlaf.

Braunes Langohr

Unter die Lupe genommen

Zugemauert

Vor allem in alten Bäumen fallen manchmal Höhleneingänge auf, die wie zugemauert aussehen. Das sind sie auch: Der Kleiber hat den Eingang zu einer verlassenen Spechthöhle verkleinert. Mit dem größeren Eingang wären seine Jungen gefährdet, denn Marder, Krähen oder Eichhörnchen könnten leicht hineinkommen. Zum Zukleistern braucht er Speichel und lehmige Erde. Die Mischung trocknet und verhärtet.

Käfer und Falter

Waldmistkäfer

Sie sind die Müllabfuhr des Waldes: Die schwarzblau glänzenden Waldmistkäfer ernähren sich von Kot. Die schwarzorangeroten oder ganz schwarzen Totengräber vergraben kleine Wirbeltiere, indem sie die Erde unter ihnen wegscharren. Dann legen sie dort ihre Eier ab, damit ihr Nachwuchs gleich fressen kann. Der Waldmaikäfer kommt in trockenen Wäldern vor. Früher gab es Maikäfer massenhaft, heute sind sie seltener. Aber in den sogenannten Maikäferjahren treten sie vermehrt auf. Die hellgelben Zitronenfalter überwintern oft im Wald. Im Frühjahr sind sie die ersten Falter, die wieder herauskommen.

Totengräber

Waldmaikäfer

Habichte

Anders als die meisten Greifvögel lebt der Habicht im Wald. Um zwischen den Bäumen zu jagen, muss er sehr wendig sein. Sein Gefieder ist dem des Kuckucks ähnlich und hat eine wellenförmige Zeichnung auf der Unterseite.

Wie geht das?

Laubfärbung

Wenn mit dem Herbstanfang die Tage kürzer werden, bereiten sich Laubbäume auf den Winter vor. Zuerst wird das Grün in den Blättern, das Chlorophyll, abgebaut. Dadurch kommen Gelb und Rot zum Vorschein, die auch im Blatt enthalten sind, vom Grün aber überdeckt werden. Zugleich bildet sich zwischen Blattstiel und Ast eine dünne korkige Schicht, die die Versorgung unterbricht. Schließlich fällt das Blatt ab.

Spiel und Spaß im Laubwald

Die Waldfrüchte

Eicheln

Die eiförmigen Früchte sowohl der Stiel- als auch der Trauben-Eichen sitzen in kleinen Bechern, immer zu mehreren an Stielen. Bei der Stiel-Eiche sind diese etwa fünf Zentimeter lang und bei der Trauben-Eiche nur ganz kurz. Entfernt man die Schale, kommen zwei Eichelnhälften zum Vorschein.

Bucheckern

Bucheckern sitzen in einer Schale, die von einer stacheligen Hülle umgeben ist. Nur an alten Buchen entwickeln sich diese Früchte. Alle vier Jahre gibt es in Wäldern mit Rotbuchen ein sogenanntes Mastjahr. Dann reifen besonders viele Bucheckern heran.

Galläpfel

Auch wenn sie so aussehen: Galläpfel sind keine Früchte. Man findet sie im Herbst häufig auf Eichenblättern. Der Verursacher ist die Gewöhnliche Eichengallwespe. Sie sticht ein Eichenblatt an, um ein Ei darin abzulegen. Das Blatt bildet daraufhin an dieser Stelle den kleinen Gallapfel aus. Darin entwickelt sich in einem Kämmerchen die Larve. Mit dem Herbstlaub fällt das Blatt zu Boden und die Gallwespe schlüpft aus dem Gallapfel.

 Back dir was!

Bucheckernplätzchen backen

Du brauchst: ➜ 250 g geschälte und gehackte Bucheckern ➜ 100 g Zucker ➜ 1 Päckchen Vanillezucker ➜ 1 TL Backpulver ➜ 250 g Vollkornmehl ➜ 200 ml Milch ➜ 50 ml Schlagsahne ➜ 1 kleine Tasse zerriebenen Zwieback

Zubereitung: Bucheckern, Mehl, Zucker, Vanillezucker und Backpulver mischen. Milch mit Sahne verrühren und dazugeben. Alles gut miteinander verkneten, bis ein geschmeidiger Teig entsteht. Wird er zu fest, noch etwas Milch oder Sahne dazugeben.

1 Backblech mit Backpapier belegen, Zwiebackkrümel darauf ausstreuen.

2 Aus dem Teig mit dem Löffel kleine Häufchen abteilen und in einem Abstand von etwa vier Zentimetern auf das Backpapier setzen.

3 Bei 190 °C 45 – 55 Minuten backen.

Bastel mit!

Wald-Xylophon

Dafür brauchst du unterschiedlich lange Äste ohne Rinde von verschiedenen Baumarten sowie Bindfaden. An jedem Ast wird ein Faden befestigt. Dann suchst du im Wald einen Baum mit einem kräftigen und möglichst geraden Ast in einer Höhe, die du gut erreichst. Die gesammelten Äste hängst du in einem Abstand von etwa zwei Zentimetern mit den Bindfäden auf. Fehlt nur noch ein kleiner Ast, mit dem du auf die hängenden Äste schlägst: Welche Töne hörst du?
Du kannst auch kleinere Äste an einen losen Ast binden und zu Hause aufhängen – schon hast du ein Windspiel.

Spiel mit!

„Zwerg, ärgere dich nicht!"

Die Anleitung für dieses Würfelspiel ist die gleiche wie für „Mensch ärgere dich nicht". Die Spielfiguren sind Eichelzwerge: Ihr sammelt Eicheln, die als Fuß eine kleine Pappmanschette bekommen: ein Stückchen Karton, einen Zentimeter breit und etwa vier Zentimeter lang, rund biegen und mit Klebeband schließen ①. Die Eichel wird hineingesteckt. Sie muss fest in der Manschette sitzen ②. Aus Karton jetzt noch kleine spitze Hüte formen ③ und auf der Eichel festkleben ④. Ihr braucht pro Spieler vier Eicheln und verschiedenfarbigen Karton. Füße und Hüte werden aus derselben Farbe gebastelt. Jetzt könnt ihr auf dem Waldboden mit Zweigen das Spielfeld markieren. Ihr müsst nur einen Würfel mitbringen.

Unter die Lupe genommen

Kleine Flieger

Ulme, Hainbuche und Berg-Ahorn bilden Früchte aus, die lang im Wind segeln können. Die kleine Frucht der Ulme ist umsäumt von einem rundlichen Flügel. Die Früchte von Ahorn und Esche haben zwei Flügel. In Drehbewegungen gleiten die Flieger vom Baum, werden vom Wind erfasst und davongetragen.

Berg-Ulme

Berg-Ahorn

Im dunklen Nadelwald

Nadelwälder sind immergrün. Tannen und Fichten verlieren zwar auch ihre Nadeln, nur nicht alle gleichzeitig. Die meisten natürlichen Nadelwälder liegen im Mittel- und Hochgebirge.

Wälder, in denen ausschließlich Fichten wachsen, sind Forste. Das Holz wird meist als Bauholz verwendet. Die Fichte ist bei uns der häufigste Waldbaum. Sie kann bis zu 50 Meter hoch und 200 Jahre alt werden. Sie wird auch Rottanne genannt.

Als Edeltanne oder Weißtanne wird dagegen die Tanne bezeichnet. Sie ist viel seltener. Fast immer kommt sie in Gesellschaft mit der Fichte oder Rotbuche vor. Weißtannen erreichen eine Wuchshöhe von über 50 Meter. Sie können viel älter werden als die Fichte, sogar über 600 Jahre alt!

Tannen

Fichten

Wer lebt hier?

Vögel im Nadelwald

Winzlinge im Wald

Das Wintergoldhähnchen mit dem auffallenden Federschopf, unser kleinster Vogel (neun Zentimeter mit Schwanz), lebt das ganze Jahr über in Fichten- und Bergwäldern mit Zirbelkiefern. Auch die kleine Tannenmeise ist ein Bewohner des Nadelwalds.

Wintergoldhähnchen

Tannenmeise

Fichtenkreuzschnäbel

Der Fichtenkreuzschnabel, der zu den Finken gehört, ist auf die Fichte angewiesen. Er frisst vorwiegend die Samen von Fichtenzapfen. Bei ihm gibt es eine Besonderheit: Er brütet im Februar/März. Sein Nest liegt geschützt unter den Ästen von Fichten.

Spechte

Ihr Hämmern ist im Wald weithin zu hören. Spechte meißeln Brut- und Schlafhöhlen in Baumstämme und finden dort auch ihre Nahrung: Sie hacken die Fraßgänge von Käfern auf und mit der langen, beweglichen Zunge angeln sie die Larven unter der Borke hervor. Sie klettern geschickt am Baumstamm, halten sich mit den Zehen fest und stützen sich mit dem kurzen Schwanz ab. Im Fichtenwald lebt vor allem der Dreizehenspecht. Buntspecht und Schwarzspecht kommen dort nur vor, wenn es auch Laubbäume gibt.

Buntspecht

Wie ein Ameisenhaufen entsteht

Der Ameisenhügel oder -haufen ist nur ein Teil des ganzen Baus, den der Ameisenstaat bewohnt. Ein großer Teil liegt bis zu zwei Meter tief in der Erde. Zahlreiche Gänge führen in den Untergrund und durchlüften das Innere. In erweiterten Kammern liegen die Eier, Larven und Puppen. Über dem Bau in der Erde schichten die Arbeiterinnen den Hügel mit dem Aushub aus dem Erdbau, mit kleinen Zweigen und Tannennadeln auf. Der Ameisenhügel kann über einen Meter hoch sein.

oberirdischer Ameisenhügel aus trockenen Nadeln

unterirdischer Teil mit Kammern

Baummarder

Der Baummarder ist der ärgste Feind des Eichhörnchens. Beide Tiere können sehr gut und schnell einen Baumstamm emporklettern. Das Eichhörnchen kommt allerdings höher hinauf und flüchtet in die dünneren Zweige. Wegen seines gelben Kehlflecks wird der Baummarder auch Goldkehlchen genannt. Sein Fell ist glänzend dunkelbraun und sehr dicht.

Wer wohnt noch im Nadelwald?

Eichhörnchenspur

Eichhörnchen

Die Spuren des Eichhörnchens sind überall im Wald zu finden: Fichtenzapfen mit faserig abgenagten Schuppen, von denen nur an der Spitze ein Rest stehen bleibt sowie angenagte und gespaltene Haselnüsse. Nicht zu sehen sind die Vorräte, die das Eichhörnchen vergräbt. Eichhörnchen halten keinen Winterschlaf, aber sie ziehen sich häufig in ihr Nest zurück, wenn es kalt wird.

Rote Waldameisen

An sonnigen Stellen bauen die Roten Waldameisen ihre „Burg". In einem Ameisenstaat leben 800 000 bis zwei Millionen einzelne Ameisen. Alle haben besondere Aufgaben. Die etwa sechs Millimeter großen Arbeiterinnen schützen die Eier, versorgen Larven und Puppen, schaffen Material für den Bau heran oder verteidigen den Staat. Gegen Feinde verspritzen sie Säure. Die Ameisenkönigin ist über einen Zentimeter groß und kann bis zu 20 Jahre alt werden. Rote Waldameisen stehen unter Naturschutz. Sie erbeuten im Wald tausende von Raupen, Fliegen, Motten, Faltern und sind somit die besten Schädlingsvertilger. Aber auch sie haben Feinde: Der Grünspecht stochert im Bau und holt sich Eier und Puppen heraus.

Spiel und Spaß im Nadelwald

Erkennungszeichen: Zapfen

Nadelbäume sind an ihren Zapfen zu erkennen, und dadurch unterschieden sich auch Tanne und Fichte: Bei der Tanne stehen sie aufrecht, bei der Fichte hängen sie herab.

Fichte

Tanne

 ## Spiel mit!

Zapfen-Hockey

Ein Spiel für mindestens zwei Spieler. Was ihr dafür braucht, sind Fichtenzapfen, einen kräftigen Stock und Zweige, um das Tor zu markieren. Einer wirft, einer wehrt ab. Derjenige, der wirft, versucht jetzt, aus einem Abstand von vier bis sechs Metern den Zapfen ins Tor zu werfen. Der Torhüter muss mit seinem Stock die Zapfen weg- schlagen.

Nach fünf Treffern werden die Seiten gewechselt.

 ## Mach mit!

Zapfenbarometer

Am besten geeignet für das Zapfenbarometer sind Kiefernzapfen. Aber mit Fichtenzapfen geht's auch. Du brauchst einen Zapfen und hängst ihn mit der Spitze nach unten an einem Band auf. Jetzt musst du ihn nur jeden Tag genau beobachten: Bei Wärme und trockenem Wetter öffnen sich die Schuppen, wenn es kühl und regnerisch ist, schließen sie sich.

Spiel mit!

Das Eulenspiel

Eulen können im Dunkeln sehr gut sehen und noch besser hören. Wie ist das bei euch? Dieses Spiel wird in einer Gruppe gespielt. Einer von euch setzt sich mit verbundenen Augen auf einen Baumstamm oder auf den weichen Waldboden. Die anderen entfernen sich in verschiedene Richtungen. Sie geben die unterschiedlichsten Geräusche und Töne von sich, zum Beispiel mit einem Zweig rascheln, leise piepsen wie eine Maus, mit den Füßen auf dem Waldboden scharren. Gebt euch gegenseitig Zeichen, damit immer nur einer ein Geräusch macht. Der Spieler mit den verbundenen Augen muss genau hinhören und mit dem Finger in die Richtung zeigen, aus der das Geräusch kommt. Hat er fünfmal richtig getippt, wird er abgelöst.

Uhu oder Waldohreule?

Die Nachtvögel sehen sich ähnlich, weil beide Federbüschel – nicht die Ohren, denn die liegen unter Federn versteckt – am Kopf haben. Beide haben auch ein hellbraunes Bauchgefieder mit dunklen Strichen. Die Waldohreule hat gelbe Augen, der Uhu große orangefarbene. Die Waldohreule ist viel kleiner und schlanker als der Uhu. Er ist fast doppelt so groß. Und während der Uhu im Nadelwald lebt, ist die Waldohreule nur am Waldrand und im offenen Gelände zu Hause.

Uhu

Waldohreule

Mach mit!

Barfußpfad

Mit den Füßen zu fühlen, wenn die Augen verbunden sind, ist ein spannendes und tolles Erlebnis. Einen Barfußpfad anzulegen, erfordert einige Tage Arbeit. Dafür sammelt ihr abgefallene kurze Äste von Laubbäumen, im Herbst die Blätter, Tannen- und Fichtenzweige, Baumrinde und die Zapfen verschiedener Nadelbäume. Das Sammeln übernehmt ihr am besten, wenn gerade Holz geschlagen wurde, dann liegen viele Zweige herum.

Jedes Teilstück des Pfades sollte etwa 50 Zentimeter lang und 30 Zentimeter breit sein.
Auf dieser Fläche breitet ihr die verschiedenen Naturmaterialien aus, und auf einem Stück könnt ihr den Waldboden ganz freilegen. Dann nur noch: Schuhe und Strümpfe ausziehen, Augen zu und langsam über den Pfad gehen.

Der Auwald
und andere Wälder

Eine Aue ist ein Gebiet, das an einem Fluss oder einem Bach liegt. Wo Flüsse nicht reguliert sind, kommt es immer wieder zu Überschwemmungen. Pflanzen, die hier leben, müssen dem Wechsel angepasst sein. Das vertragen nicht alle Bäume, aber vor allem die Erle, die Weide und die Esche können auch mit einem zeitweilig hohen Wasserstand leben. Wenn der Grundwasserpegel immer hoch ist, entstehen Bruchwälder. In ihnen ist das Wasser leicht torfig wie im Moor.

 ## Wer lebt hier?

Biber

Der Biber ist bei uns das größte Nagetier. Er lebt an Flüssen ebenso wie in kleinen Weihern. An Land bewegt sich der Biber langsam, aber er kann sehr gut schwimmen und tauchen. Er hat einen breiten, flachen Schwanz – die Kelle – zum Steuern und zwischen den Zehen an den Hinterpfoten Schwimmhäute. Er baut eine Burg für die ganze Familie ins Wasser oder gräbt einen Bau in die Uferböschung. Für eine Burg fällt der Biber mit den kräftigen Nagezähnen Bäume: Weiden, Pappeln, Erlen und Espen. Biber fressen nur Pflanzen, frische Zweige und Blätter.

Schwarzstorch

Der Schwarzstorch ist bei uns selten. Anders als der Weißstorch hält sein Verwandter mit dem dunklen Gefieder sich nicht auf Wiesen auf. Er lebt in großen, lichten Waldgebieten. Sein Nest baut er auf einem hohen Baum. Er nutzt jedes Jahr dasselbe und baut es immer weiter aus. Im Herbst fliegt er mit seinem Nachwuchs in sein Winterquartier – bis nach Afrika.

Graureiher

Der Graureiher ist an vielen Gewässern zu Hause. Er schreitet mit langen Beinen durch das Wasser, das ihm bis zum Bauchgefieder gehen kann. Er lauert auf Fische, Frösche oder größere Wasserinsekten. Sein Nest baut er auf Bäumen. Ein Elterntier wacht immer bei den Jungen am Nest, wenn das andere unterwegs ist.

Weidenmeise

Für ihr Nest braucht die kleine graue Weidenmeise mit der schwarzen Kopfplatte alte, morsche Bäume. Das Weibchen zimmert eine Höhle in den Stamm und polstert das Nest weich aus. Die Weidenmeise wird auch Mönchsmeise genannt.

Unter die Lupe genommen

Unkenbauch

In den Au- und Sumpfwäldern kommt die Rotbauch-unke vor. Sie hat eine bräunlichgraue Oberseite mit schwarzen Flecken, ihre Unterseite ist dunkelgrau mit einer auffallenden Zeichnung von orangefarbenen bis dunkelroten unregelmäßigen Flecken. Bei Bedrohung richtet sich die Unke auf und zeigt ihren Bauch. Das ist eine Warnung, denn die Farben signalisieren: giftig! Die kleinen Unken produzieren ein Hautgift, das reizend wirkt und stinkt.

Die Bäume im Auwald

Schwarz-Erle

Benannt wurde sie nach ihrem dunklen Stamm. Ihre Blätter sind dunkelgrün. Diese Erle hat männliche Blüten, das sind die Hängekätzchen, und weibliche Blüten, die wie kleine gestielte Zapfen aussehen. Auch die Samen reifen in dunkelbraunen Zapfen heran und werden vom Wind verweht.

Weide

Silber- und Korb-Weide sind die typischen Weiden der Au- und Sumpfwälder. Die Zweige der Korb-Weide werden noch heute für die Herstellung von Körben genutzt.

Silber-Weide

Korb-Weide

Blumen

Farbenprächtig blühende Blumen wachsen in den feuchten Waldgebieten.
Gelb blüht die Sumpf-Schwertlilie, die fast einen Meter hoch werden kann.

Sumpf-Schwertlilie

Sumpfdotterblume

Die Sumpfdotterblume hat ebenfalls leuchtend gelbe Blüten. Reichlich Nektar und Pollen an vielen kleinen Staubblättern locken zahlreiche Insekten an.

In leuchtendem Rosa bis Purpur blüht das Drüsige Springkraut, das am Ufer wuchert. Es kam als Zierpflanze ursprünglich aus Indien.

Drüsiges Springkraut

Auf Entdeckungsreise im Moor

Moore sind vielen Menschen immer etwas unheimlich. Wenn Nebel über der fremdartig wirkenden Gegend liegt, kann die Angst groß sein, vom sicheren Weg abzukommen und auf trügerischen Grund zu geraten.

In Wirklichkeit sind Moore weder zum Gruseln noch gefährlich. Im Gegenteil: Es sind höchst faszinierende Landschaften, in denen seltene Tiere und Pflanzen leben, die es nirgendwo sonst gibt.

Im unheimlichen Moor

Die meisten Moorlandschaften sind uralt. Sie entstanden bereits vor etwa 11 000 Jahren, als sich die Gletscher der letzten Eiszeit zurückzogen. Ganz grob unterscheidet man Niedermoore und Hochmoore; Übergangsformen vom Niedermoor zum Hochmoor heißen Zwischenmoore.

Pfanzen wachsen immer weiter in den See – ein Moor entsteht!

Wasserspeicher Torfmoos ...

Wie ein Schwamm speichern Torfmoose in den Zellen ihrer Blättchen und zwischen Stängel und Blatt Wasser: Ungefähr das Vierzigfache ihres eigenen Gewichts können sie aufnehmen! Gleichzeitig setzen sie Stoffe frei, die den Säuregehalt des Wassers stark erhöhen; in kleinen Moortümpeln kann das Wasser so sauer wie Essig sein!

... und Medizin

Früher nutzten die Moorbewohner frisches Torfmoos auch als Verbandsmaterial: Sie machten daraus leicht antibakteriell wirkende Kompressen für Wunden.

Niedermoore sind zu Moor gewordene Sumpfgebiete. Sie entstehen zum Beispiel, wenn ein See verlandet: Sumpfpflanzen wie Schilfrohr oder Sauergräser dringen dann immer weiter in das Wasser vor. Absterbende und verrottende Pflanzen verbrauchen viel Sauerstoff. Schließlich herrscht Sauerstoffmangel, abgestorbene Pflanzenteile verrotten nicht mehr vollständig. Immer mehr Pflanzen wachsen, sterben ab und vertorfen. Am Ende ist der See verschwunden und zu einem Niedermoor geworden. Die Feuchtigkeit kommt aus dem Grundwasser. Niedermoore sind sehr nährstoffreich, hier wachsen viele verschiedene Pflanzen.

Hochmoor in der Eifel

Hochmoore liegen nicht unbedingt im Gebirge, obwohl sie auch dort vorkommen können. Sie sind aus allmählich in die Höhe gewachsenen Niedermooren entstanden. Dafür sind vor allem die Torfmoose verantwortlich, denn sie wachsen unermüdlich nach oben, während die unteren Teile absterben und zu Torf werden. Wenn die Torfschicht weiter wächst, verliert sie irgendwann den Kontakt zum Grundwasser. Das geschieht sehr langsam, es kann Jahrtausende dauern; aber irgendwann ist aus dem Flachmoor ein nährstoffarmes Hochmoor geworden, das nur noch durch Niederschläge bewässert wird.

Schwarzes Moor in der Rhön – ein Niedermoor

Wer lebt hier?

Die Pflanzen- und Tierwelt der Niedermoore ähnelt derjenigen an Gewässern und Feuchtwiesen. Hochmoore dagegen sind aufgrund des sauren Wassers und der besonderen Pflanzen extreme Lebensräume, in denen nur bestimmte Tierarten zurechtkommen.

Moorfrosch

Moorfrösche sind meist unauffällig graubraun gefärbt, manchmal mit einer hellen Rückenlinie. Zur Paarungszeit im Frühjahr jedoch ändert das Männchen sein Aussehen: Um paarungswillige Weibchen anzulocken, verfärbt es sich leuchtend blau.

Mooreidechse

Die Mooreidechse kommt nicht nur im Moor, sondern auch im Gebirge und im Wald vor – deshalb heißt sie manchmal auch Berg- oder Waldeidechse. Sie gehört zu den wenigen lebend gebärenden Echten Eidechsen, denn sie bringt vollständig entwickelte Junge zur Welt. Die kleinen Eidechsen sind nur von einer durchsichtigen Hülle umgeben, die sie gleich nach der Geburt abstreifen.

Kreuzotter

Eine der wenigen Schlangen, die bei uns heimisch ist, ist die Kreuzotter; sie ist auch unsere einzige Giftschlange. Ihr Biss kann zwar sehr unangenehm sein, ist aber selten gefährlich. Außerdem ist die Kreuzotter sehr scheu und flüchtet, wenn sich Menschen nähern. Mit höchstens 80 Zentimetern Länge bleibt sie relativ klein.

Großer Brachvogel

Das auffälligste Merkmal des Brachvogels ist sein langer, nach unten gebogener Schnabel, mit dem er nach Würmern und Insekten stochert. Das Gefieder ist graubraun gesprenkelt – eine perfekte Tarnung in den Feuchtwiesen der Moore.

Unter die Lupe genommen

Erkennungsmerkmal der Kreuzotter

Ihren Namen verdankt die Kreuzotter der auffälligen Rückenzeichnung, die an ein Kreuzmuster erinnert. Die Färbung der Schlange kann braun oder grau bis schwarz sein, doch das Kreuzmuster ist meist deutlich zu erkennen.

Pflanzen im Moor

Moorboden ist meist sehr feucht: Das ist günstig für Pflanzen, die viel Wasser benötigen. Die Hochmoore bilden allerdings eine Ausnahme, denn Wasser gibt es hier meist nur in Form von Regenfällen. Die Pflanzen der Hochmoore müssen daher auch Trockenperioden überstehen.

Die Erde im Moor ist außerdem sehr sauer – nur wenige Arten können in ihr wachsen. Besonders sauer ist der Boden in den Hochmooren. Auch aus diesem Grund wachsen dort weniger Pflanzenarten als im Niedermoor.

 ## Was wächst denn da?

Torfmoos

Torfmoose gehören zu den Laubmoosen. Sie sind die typischen Pflanzen der Hochmoore. Weltweit gibt es etwa 250 verschiedene Arten. Die kleinen Pflänzchen sind blassgrün oder bräunlich gefärbt. (Siehe auch S. 86)

Moorbirke

Die Moorbirke kommt im Tiefland und in den Alpen vor. Der Boden, auf dem sie wächst, muss sauer sein. Oft bildet der Baum mehrere Stämme aus, deren Borke schmutzigweiß aussieht und sich in dünnen Streifen ablöst. Im Gebirge wächst die Moorbirke nur zu einem Strauch heran, im Flachland kann sie bis zu 20 Meter Höhe erreichen.

Schmalblättriges Wollgras

In Nieder- und Zwischenmooren wächst diese Grasart, die im Juni auffällig blüht: Wie Watteflöckchen sehen die vielen feinen weißen Haare aus, an denen die Samen sitzen. Der Wind weht sie davon.

Moorbeere

Die Moorbeere ist ein Zwergstrauch, der nur rund 80 Zentimeter hoch wird. Die Blätter sehen denen der Preiselbeere sehr ähnlich. Zur Unterscheidung hilft ein Blick auf die Blattunterseite: Preiselbeerblätter sind dort bräunlich gepunktet, die Blätter der Moorbeere nicht. Achtung: Die blauschwarzen Früchte der Moorbeere können von einem Pilz befallen sein, der Schwindel und Vergiftungserscheinungen hervorruft – man sollte sie nicht essen!

Wie geht das?

Wie Moorlichter entstehen

In Sagen und alten Geschichten wird von unheimlichen Lichtern berichtet, die im Moor aufflackern und Wanderer in die Irre führen. Erfunden oder wahr? Tatsache ist: In Sümpfen und in moorigem Untergrund bilden sich manchmal Faulgase. Wenn sich diese Gase entzünden, kann für kurze Zeit ein Licht aufflackern.

Moorleichen

Manchmal gibt das Moor eines seiner unheimlichen Geheimnisse preis: eine Moorleiche. Durch den Sauerstoffabschluss und den sauren Boden werden vor allem die weichen Teile des Körpers gut konserviert. Die Toten, die oft seit vielen hundert Jahren im Moorboden ruhen, sind deshalb erstaunlich gut erhalten. So zum Beispiel auch der Tollundmann aus Dänemark, der vor mehr als 2 000 Jahren starb.

„Wir fressen Fleisch!"

Fleischfressende Pflanzen – das klingt gefährlich! Aber keine Sorge, die Pflanzen, die bei uns in den Mooren wachsen, sind für Menschen harmlos. Sie verfügen über raffinierte Fangvorrichtungen für Insekten. Übrigens stehen alle fleischfressenden Pflanzen bei uns unter Naturschutz.

Sonnentau

Der Rundblättrige Sonnentau bildet Rosetten aus runden, rötlichen Blättern, aus deren Mitte die langen Blütenstiele wachsen. Die Laubblätter der Rosette sind zu Fangblättern umgewandelt: Aus ihren rötlichen Härchen sondern sie ein klebriges Enzym ab, an dem kleine Insekten kleben bleiben. Ist ein Insekt in die Falle gegangen, rollt sich das Blatt ein und die Beute wird zersetzt: Der Sonnentau löst mit einer Art Verdauungssaft alle verwertbaren Nährstoffe aus dem Insekt heraus.

Fettkraut

35 Arten gibt es von dieser fleischfressenden Pflanze. Die veilchenartigen Blüten sitzen an langen Stielen. Für Insekten gefährlich sind die Blätter, die dicht am Boden wachsen: Aus Drüsen sondern sie eine klebrige Substanz ab. Fliegen, die sich darauf niederlassen, kleben fest und werden von der Pflanze verdaut.

Torfabbau im Wurzacher Ried in Baden-Württemberg heute

Torfabbau

Früher war Torf ein begehrter Brennstoff zum Heizen und Kochen. Torfstecher stachen im Frühjahr mit scharfen Spaten rechteckige Stücke ab, die Soden. Diese Torfsoden waren sehr feucht und schwer und mussten den Sommer über trocknen. Im Herbst wurden sie auf Torfkähnen zum Verkauf transportiert.

Heute wird längst nicht mehr so viel Torf abgebaut wie früher und schon gar nicht zu Heizzwecken, aber man nutzt ihn als Beimischung zu sauren Pflanzerden oder als reinen Torfmull. Um die Moore zu schützen, wird nur ein kleiner Teil zum Abbau freigegeben.

Arbeiter 1947 beim Verladen von Torf in der Nähe von Berlin

Spiel und Spaß im Moor

Spiel mit!

Heide und Moor

Bei diesem Hüpfspiel nach Art von „Himmel und Hölle" geht es darum, auf keinen Fall ins Moor zu geraten. Zunächst wird mit Kreide ein Kreuz aus Quadraten auf den Boden gezeichnet: Neun Quadrate (jedes so groß, dass zwei Füße darin Platz haben) in senkrechter Linie, von unten durchnummeriert, wie auf der Illustration vorgegeben. Angefangen wird am Fußende des Kreuzes: Auf einem Bein in 1, 2, 3, 4 und 5, dann mit beiden Füßen in 7 und 8, von dort wieder nur auf einem Bein in Kästchen 9 hüpfen. Umdrehen und über das Moor hinweg zurück über 5, 4, 3 und 2 in die sichere Heide springen.

Zu einfach? Dann wird der Schwierigkeitsgrad erhöht: Auf dem Hinweg nur auf dem linken Bein hüpfen, auf dem Rückweg auf dem rechten Bein. Oder grundsätzlich mit beiden Beinen zusammen. Oder einmal rückwärts! Wer schafft wie viele Durchgänge, ohne ins Moor zu geraten?

Noch eine Variante: Such dir einen Kieselstein. Bevor du loshüpfst, kündigst du an, in welches Kästchen du den Stein werfen willst. Du darfst nur starten, wenn der Stein auch am richtigen Platz landet. Auf dem Rückweg musst du dann den Stein wieder aufheben, ohne dabei aus dem Gleichgewicht zu geraten und neben das Kästchen zu treten.

Moormonsterjagd

Je mehr Mitspieler bei diesem Fangspiel mitmachen, desto besser! Einer von euch ist das Moormonster, das einsam und allein mitten im Moor haust. Es braucht dringend ein paar andere Moormonster um sich herum. Deshalb geht es auf die Jagd, denn mit einer einzigen Berührung seiner Monsterfinger kann es aus einem Mitspieler ein weiteres Moormonster machen! In etwa zehn Metern Abstand markiert ihr zwei Linien auf dem Boden. Hinter der einen lauert das Moormonster, hinter der anderen drängeln sich die Noch-Nicht-Monster. Das Moormonster ruft: „Wer kommt zu mir ins Moor?" Die Antwort: „Keiner!" Trotzdem ist dies das Stichwort, bei dem alle losrennen, um hinter die gegenüberliegende Linie zu gelangen. Auch das Monster läuft den Noch-Nicht-Monstern entgegen und versucht, so viele wie möglich zu berühren. Allmählich verändert sich die Anzahl der Spieler, bis es nur noch Moormonster gibt. Und dann? Geht die Jagd von vorne los!

Quiz

Was ist ein Moorauge?

a. Das Auge einen Moor-
geistes, der manchmal in
hellen Vollmondnächten
über dem Moor schwebt

b. Ein Fisch, der im sauren
Moorwasser lebt

c. Eine mit Wasser gefüllte
Senke oder ein kleines
Torfloch, das plötzlich blau
aufblitzt, wenn sich ein
Stück wolkenloser Himmel
darin spiegelt

d. Ein seltener Schmetterling
mit blauen Punkten auf den
Flügeloberseiten

e. Ein Instrument zum Torf-
stechen

 (Lösung: c)

Spiel mit!

Wer findet durch das Moorschlangen-Labyrinth?

Fünf Moorschlangen haben sich rettungslos zu einem Knäuel verschlungen –
findest du heraus, welche Schlangenlinie zu welcher Schlange gehört?
Das knifflige Schlangen-Labyrinth kannst du selbst zeichnen und dann kopieren.
Das klingt einfacher, als es ist, denn du musst ja fünf verschiedene Schlangen
zeichnen, aber nicht einfach mit einem einzelnen dünnen Strich. Jeder Schlan-
genkörper besteht aus zwei Linien. Zeichne am besten mit Bleistift, damit du an
den Stellen, wo sich die Körper überlagern, versehentlich durchgezogene Linien
ausradieren kannst.
Je mehr Windungen,
desto besser!

Bastel mit!

Moorlichter im Glas

Du brauchst: ➔ große Einmachgläser
ohne Deckel ➔ Acrylfarben in moorigen
Tönen ➔ Pinsel ➔ Wasser ➔ Schwimmkerzen

So geht's: Die Einmachgläser verzierst du
mit einer Moorlandschaft nach deinem
Geschmack, zum Beispiel mit einer Grundierung aus hellen und dunklen Braun-
tönen, bizarren Baumskeletten, einem
weißen Moorgeist, einem geheimnisvollen
Himmel … Sind die Farben getrocknet,
füllst du die Gläser etwa zu einem Drittel
mit Wasser. Wenn du magst, färbst du
das Wasser mit Tusche – grün oder
braun zum Beispiel. Dann kommt noch
eine Schwimmkerze hinein. Die lässt du
natürlich nicht unbeaufsichtigt brennen!
Die Moorlichter wirken abends auf der
Fensterbank besonders stimmungsvoll.
Bei trockenem Wetter kannst du sie auch
draußen aufstellen.

Ein Ausflug in die Heide

Es gibt eine Zeit im Jahr, da strahlt die Heide in den wunderbarsten Farben: Leuchtendes Violett, Rosa und Lila wechseln sich ab. Im Spätsommer blüht das Heidekraut, eine der typischen Pflanzen dieser Landschaft. Doch auch zu jeder anderen Jahreszeit sind Heideflächen ganz besondere Gegenden, in denen du einzigartige Pflanzen und Tiere beobachten kannst.

An den Rändern der Moore

Heideland und Moorgebiete gehen oft ineinander über; an den Rändern der Moore beginnt die Heide. Im Althochdeutschen bedeutete „heida" ursprünglich unbebautes Land. Tatsächlich sind die Heidelandschaften eher karg. Hier wachsen vor allem Kiefern, Birken, Wacholder und Heidekräuter. Der sandige Boden erlaubt kaum Ackerbau oder Viehzucht.

Blühende Heide

Die Heidschnucken

Eine Ausnahme bilden die Heidschnucken: Diese Schafe beweiden seit Jahrhunderten die Heidegebiete. Sie halten den Bewuchs niedrig und sorgen dafür, dass die Heidekrautflächen offen bleiben und nicht von Kiefern- und Birkenwäldern verdrängt werden. Heidschnucken stammen vermutlich von den Mufflons ab, einer Wildschafart. Sie sind besonders genügsam und kommen mit der kargen Pflanzenkost der Heidelandschaft aus.

Mit und ohne Horn

Die gehörnte Heidschnucke ist noch weitverbreitet. Sehr selten ist dagegen die hornlose Heidschnucke geworden, auch Moorschnucke genannt. Sie gehört zu den vom Aussterben bedrohten Nutztierrassen.

Gehörnte Heidschnucken sind sehr genügsam.

Von Menschenhand

Viele Heidelandschaften sind Kulturlandschaften, das heißt, der Mensch hat sie geformt. Zum Beispiel die Lüneburger Heide: Im Mittelalter wurden bei Lüneburg Salinen entdeckt – so nennt man Quellen mit stark salzhaltigem Wasser. Um an das kostbare Salz zu gelangen, musste das Wasser so lange gekocht werden, bis es verdunstet war. Die Feuer der Salzsiedereien benötigten viel Holz, so wurde der Wald abgeholzt. Auf die freien Flächen trieben die Menschen ihre Schafe. Diese sorgten dafür, dass der Bewuchs klein blieb. Heute gibt es nicht mehr so viele Schafherden wie früher. Damit die Heidelandschaft trotzdem erhalten bleibt, werden gezielt Schafe zur Landschaftspflege eingesetzt.

Wer lebt hier?

Birkhuhn

Das Birkhuhn ist sehr selten geworden, weil sein Lebensraum immer mehr schrumpft. Auffällig sind vor allem die schwarz gefiederten Hähne mit ihren leierartig geschwungenen Schwanzfedern und dem roten Kopfgefieder. Die Hennen sind unauffällig braun gefärbt. Eine Besonderheit ist die Gruppenbalz der Birkhähne: Zur Paarungszeit, wenn die Hennen umworben werden, finden sich gleich mehrere Hähne zusammen. Sie spreizen das Gefieder und lassen kollernde und fauchende Balzrufe ertönen.

Sandbiene

Das Sandbienenweibchen ist rötlichbraun gefärbt, die Männchen sind fast schwarz. Sandbienen sind etwas kleiner als Honigbienen. In Europa leben rund 150 Arten. Alle legen ihre Nester in sandigem Boden an. Von Imkern werden in der Heide außerdem Honigbienenvölker gehalten, die den wohlschmeckenden Heidehonig produzieren.

Heidelibelle

Es gibt die Schwarze und die Blutrote Heidelibelle. Beide werden kaum größer als dreieinhalb Zentimeter. Die Namen leiten sich von der auffälligen Färbung der Männchen ab: Bei der Schwarzen Heidelibelle sind sie tatsächlich völlig schwarz, bei der Blutroten Heidelibelle leuchtend rot. Die Weibchen sind bei beiden Arten bräunlich oder gelblich gefärbt. Heidelibellen leben an Stillgewässern, also an Gewässern ohne Strömung.

Sandwespe

Die Sandwespenweibchen graben Brutröhren in den Boden, die bis zu fünf Zentimeter lang sein können. Am Gangende wird jeweils eine Bruthöhle angelegt. Noch vor der Eiablage schleppt das Sandwespenweibchen Beute hinein, etwa die Raupe eines Schmetterlings, die durch das Wespengift gelähmt ist. Dann legt die Sandwespe ein Ei direkt an der Beute ab, die als lebender Nahrungsvorrat für die aus dem Ei schlüpfende Larve dient. Der Eingang zur Brutröhre wird sorgfältig mit kleinen Steinchen getarnt.

Unter die Lupe genommen

Sandtrichter der Ameisenlöwen

Seltsame Trichter im Sandboden verraten: Hier lauern Ameisenlöwen auf Beute. Der Name verrät schon, dass diese Tiere auf Ameisen spezialisiert sind. Aber, Löwen in der Heide? Ameisenlöwen sind die Larven der Ameisenjungfer, eines Insekts. Die Ameisenjungfer legt ihre Eier im Sandboden ab, wo die Larven schlüpfen und kleine Trichter bauen. Sobald eine Ameise über den Rand des Trichters krabbelt, rutscht sie hinein und wird von der Larve gefressen.

Ganz besondere Pflanzen

In der Heide ist der Boden oft sandig, nährstoffarm und trocken – schwierige Bedingungen für Pflanzen! Dennoch haben sich hier die unterschiedlichsten Gewächse angesiedelt.

Es sind genügsame Spezialisten. Allerdings wachsen sie meist auch nur langsam. Neben dem bekannten Heidekraut gibt es noch viele weitere Pflanzen zu entdecken.

Was wächst denn hier?

Heidekraut

Heidekraut, auch Besenheide oder einfach Heide genannt, ist die typische Blühpflanze der Heidelandschaft. Der Zwergstrauch kann bis zu einem Meter hoch werden und hellrosa, violett oder weiß blühen.

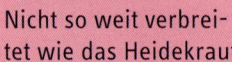

Nicht so weit verbreitet wie das Heidekraut ist die Glockenheide, deren Blüten an Glocken erinnern. Sie sitzen in Dolden an den Enden der Stängel. Noch seltener ist die Rosmarinheide mit den blassrosa Blütchen.

Das Heidekraut wird von den Heidschnucken abgefressen, sodass es nicht verholzen kann, sondern immer wieder neue Triebe bilden muss. Dadurch blüht es jedes Jahr erneut.

Weißbirke

Weil die Weißbirke eine der wenigen Birkenarten ist, die auf Sandboden gedeiht, wird sie auch Sandbirke genannt. Sie besitzt eine weiße, abblätternde Borke und kann bis zu 25 Meter hoch werden. Meist bleibt sie jedoch deutlich kleiner.

Waldkiefer

Die für die Heide typische Waldkiefer heißt auch Föhre. Der bis zu 40 Meter hohe Baum trägt vier bis sechs Zentimeter lange Nadeln. In vielen Heidegegenden wurden Föhren gezielt angepflanzt, damit der Wind den sandigen Boden nicht verweht.

Wacholder

Wacholdersträucher wachsen meist säulenartig in die Höhe; manchmal können sie aber auch ganz seltsame Formen annehmen und vor allem im Nebel aussehen wie Fabelwesen. Die Wacholderbeeren, als Gewürz und zur Schnapsherstellung genutzt, sind übrigens keine echten Beeren, sondern entstehen aus den schuppigen Blütenzäpfchen. Die Schuppen verwachsen im Laufe der Zeit und wirken dann wie Beeren.

Besenginster

Goldgelb leuchten die Blüten des Besenginsters. Die Zweige des bis zu drei Meter hohen Strauchs wurden früher als Besen genutzt – daher auch der Name.

Heidelbeere

Der Name kommt von dem althochdeutschen Wort „heitperi" und bedeutet so viel wie: „auf der Heide wachsende Beere". Heidelbeersträucher werden nur etwa 50 Zentimeter hoch; sie wachsen auf eher sauren Böden in lichten Nadel- und Laubwäldern und in der Heide. Die blauschwarzen Beeren, auch Blau- oder Bickbeeren genannt, schmecken süß und saftig. Sie sind reich an Gerbstoffen, Vitaminen und verschiedenen Mineralien. Man kann sie roh essen oder verarbeiten. Der Saft eignet sich außerdem zum Rotfärben von Textilien.

Koch dir was!

Heidelbeersuppe

Zutaten für vier Personen:
→ 500 g Heidelbeeren → 1,5 l Wasser
→ 1 Prise Salz → etwas Zucker → 200 g saure Sahne
→ 2 TL Mehl

Zubereitung: Heidelbeeren waschen, mit Salz und Zucker in Wasser kurz aufkochen. Saure Sahne mit dem Mehl verrühren und hinzugeben. Nochmals kurz aufkochen und dann abkühlen lassen. Die Suppe schmeckt lauwarm besonders lecker, vor allem an heißen Spätsommertagen. Getoastetes Weißbrot passt gut dazu.

Back dir was!

Heidesand-Kekse

Zutaten: → 200 g Butter
→ 200 g Zucker → 1 Päckchen Vanillezucker → 1 Prise Salz
→ 2 EL Milch
→ 300 g Mehl

Zubereitung: Die Butter in einem kleinen Topf schmelzen lassen und ganz leicht anbräunen. Zu dem Zucker, dem Vanillezucker und der Milch geben und alles verrühren. Zum Schluss das Mehl hinzufügen und einen Teig kneten. Den Teig zu etwa vier Zentimeter dicken Rollen formen, die für mindestens eine halbe Stunde in den Kühlschrank gestellt werden. Dann mit einem scharfen Messer einen halben Zentimeter dicke Scheiben abschneiden und auf ein mit Backpapier ausgelegtes Backblech legen. Bei 180 Grad etwa zwölf Minuten lang backen, bis die Kekse hellgelb sind.

Spiel und Spaß in der Heide

Wie geht das?

Wie Heidehonig gewonnen wird

Im Bienenstock bauen die Bienen ihre Waben, in denen sie ihren Nachwuchs aufziehen und auch Honigvorräte anlegen.

Honig entsteht im sogenannten Honigmagen der Bienen. Dort wird der Blütennektar, den die Bienen aufgenommen haben, mit einem Eiweißstoff versetzt. In den Waben wird er gespeichert.

In einigen Waben befinden sich Eier und Larven – das ist die Bienenbrut. Die lässt der Imker in Ruhe!

Waben ohne Brut sammelt er ein. Meist wird der Honig in einer Schleuder herausgelöst.

Bei der Gewinnung von Heidehonig gibt es noch viel Handarbeit: Die Wabenstücke werden in Tücher eingewickelt und ausgepresst. Oder der Imker „stippt": Er drückt kleine Metallstifte in die einzelnen Zellen der Wabe und löst den Honig so heraus. Weil das sehr aufwendig ist, ist Heidehonig meist teurer als anderer Honig. Auch die Waben werden genutzt; sie bestehen aus Wachs, das eingeschmolzen und zum Beispiel zu Kerzen verarbeitet wird.

Fleißarbeit für den Winter

Für 100 Gramm Honig müssen die Bienen eines Stocks mehr als eine Million Blüten anfliegen. Der im Frühjahr und Sommer eingelagerte Honig ist eigentlich der Wintervorrat der Bienen, von dem sie während der kalten Jahreszeit leben. Deshalb sammelt ein Imker nie den ganzen Honig ein. Außerdem stellt er seinen Bienen Zuckerwasser als Ersatz zur Verfügung.

Spiel mit!

Fangt das Schaf!

Gespielt wird nach der Art von Drittabschlag; es sollten mindestens drei Mitspieler sein.

Markiert im Abstand von etwa zehn Metern zwei Linien auf dem Boden (ein großer Schritt misst ungefähr einen Meter). Hinter der einen steht ein mutiges Schaf, hinter der anderen warten die Wölfe. Das Schaf nähert sich den Wölfen, die ihm ihre Pfoten entgegenstrecken. Das Schaf klatscht auf eine Pfote ... auf eine zweite ... auf eine dritte – und rast so schnell wie möglich zurück hinter seine Linie. Denn der Wolf, der den dritten Schlag abbekommen hat, versucht jetzt, das Schaf abzufangen. Gelingt es ihm, bevor das Schaf hinter der Linie in Sicherheit ist, löst er das Schaf in der nächsten Runde ab. Schafft er es nicht, beginnt alles von vorn.

Bastel mit!

Feen basteln

Das Material, das du für diese Bastelei benötigst, besteht vor allem aus Fundstücken, die sich leicht auf einem Heidespaziergang sammeln lassen: Schafwolle, Vogelfedern, kleine Kiefernzapfen. Dann brauchst du noch etwas Klebstoff und Wollfaden, um die Feen schweben zu lassen.

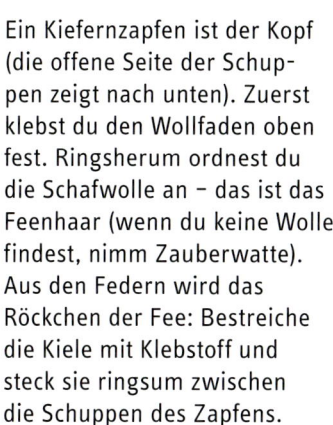

Ein Kiefernzapfen ist der Kopf (die offene Seite der Schuppen zeigt nach unten). Zuerst klebst du den Wollfaden oben fest. Ringsherum ordnest du die Schafwolle an – das ist das Feenhaar (wenn du keine Wolle findest, nimm Zauberwatte). Aus den Federn wird das Röckchen der Fee: Bestreiche die Kiele mit Klebstoff und steck sie ringsum zwischen die Schuppen des Zapfens.

Bastel mit!

Heidetupfbild

Du brauchst: ➜ Wasserfarben und Deckweiß ➜ Pinsel oder Buntstifte ➜ jede Menge Wattestäbchen ➜ Zeichenpapier

Tipp: Fang mit dem Hintergrund an. Dazu unterteilst du das Bild grob in zwei Hälften: Himmel und Erde. Den Himmel tönst du ganz zart blau oder hellgrau, mit Tusche oder mit Buntstift. Für den unteren Hintergrund kannst du zum Beispiel einen zarten Rosaton wählen. Und dann kommt die Tupfarbeit: Mit den Farben aus deinem Tuschkasten und mit Deckweiß mischst du die verschiedensten Rosa-, Violett- und Lilatöne an, mit den Wattestäbchen tupfst du die Farbe auf.

Wenn du magst, lässt du auch noch eine Birke oder einen Wacholder tupfig in die Höhe wachsen oder ein paar Tupfschafe durch die Heide ziehen.

So geht's: Mit Wattestäbchen, Wasserfarben und Deckweiß zauberst du eine blühende Heidelandschaft aufs Papier. Wenn du nicht ganz sicher bist, wie dein Bild werden soll, zeichne erst einen Entwurf mit Bleistift.

Leben an Strand und Meer

Aus dem Weltraum sieht unsere Erde wie eine blaue Murmel aus. Das Blau kommt vom Wasser: Mehr als zwei Drittel der Erdoberfläche sind davon bedeckt.

Überall gibt es Meere, gewaltige Ozeane wie Atlantik und Pazifik und kleine Randmeere wie Nord- und Ostsee. In den Meeren und an ihren Küsten wimmelt es von Lebewesen. Manche hinterlassen rätselhafte Spuren am Strand, andere sind so klein, dass sie am besten durch ein Mikroskop zu betrachten sind.

Unsere Küsten

Die Nordsee

Als Randmeer des Nordatlantiks erstreckt sich die Nordsee über 575 000 Quadratkilometer. Ihr tiefster Punkt liegt vor Norwegen in der Norwegenrinne: 725 Meter geht es hinunter. Im Durchschnitt ist die Nordsee mit 70 Metern Tiefe allerdings flacher. Im südlichen Teil sind es sogar nur 25 Meter. Zwischen dem Festland und der Kette der ost- und nordfriesischen Inseln liegt das Wattenmeer. Bei Ebbe läuft das Wasser fast vollständig ab. Dann liegt der Meeresboden frei.

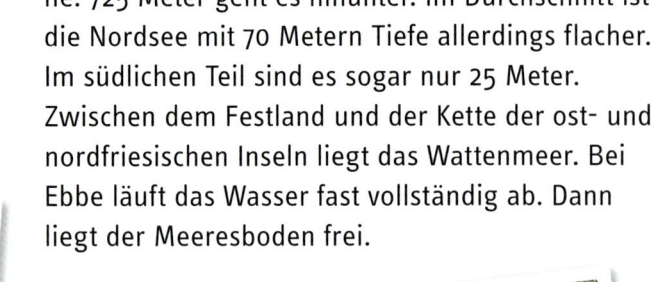

Achtung, Priel!

Das Wasser läuft durch Rinnen im Meeresboden ab, hier strömt es bei einsetzender Flut auch wieder ein. Die Rinnen heißen Priele. Manche sind so groß, dass Schiffe darin fahren können; dann werden sie Baljen genannt. Priele können tief sein. Sie füllen sich bei Flut sehr schnell, und die Strömung ist sehr stark. Deshalb darf in Prielen nicht gebadet werden.

Seltsame Kringel ...

Kleine kringelige Häufchen im Watt sind die Hinterlassenschaften des Wattwurms. Er frisst sich durch Sand und

Wer lebt hier?

Seehund

Seehunde sind die häufigsten Säugetiere in Nord- und Ostsee. Auf der Jagd nach Fischen schwimmen sie weit ins Meer hinaus und tauchen tief. Ihre Ruheplätze liegen in der Nähe der Küsten auf Sandbänken. Hier kommen im Juni und Juli die kleinen Seehunde zur Welt. Geboren werden sie bei Ebbe, mit der ersten Flut müssen sie schon schwimmen können.

Austernfischer

Der schwarz-weiß gefiederte Vogel ist am schwarzen Kopf, dem langen roten Schnabel und den roten Beinen zu erkennen. Er frisst Würmer, Krebse und Muscheln, aber kaum Austern.

Kegelrobbe

Seltener als der Seehund ist in der Nordsee die Kegelrobbe. Sie ist größer und schwerer. Bis zu 140 Meter tief taucht sie auf der Jagd nach Fischen. Die Jungen werden im Winter geboren und haben ein weißes Fell. Nach fünf, sechs Wochen wird es graubraun und wasserabweisend, erst dann gehen die Jungen ins Wasser.

Alpenstrandläufer

Im Wattenmeer und am Strand sind oft ganze Schwärme dieser kleinen Watvögel unterwegs. Eilig trippelnd laufen sie am Spülsaum entlang und durchsuchen Schlick und Sand nach Würmern, Schnecken, Muscheln und Insekten.

Schlick, filtert darin enthaltene Algen heraus und scheidet den Rest wieder aus. Auf diese Weise gräbt der Wattwurm die oberen 20 Zentimeter Watt gründlich um. Der Wattwurm gehört zu den Borstenwürmern, davon gibt es im Watt hundert verschiedene Arten. Die Borsten sitzen an den Körperseiten. Mit ihnen gräbt sich der Wurm in den Boden.

Die Ostsee

Die 413 000 Quadratkilometer große Ostsee gehört auch zum Atlantik. Sie ist aber, anders als die Nordsee, auf allen Seiten von Land umgeben. Deshalb gilt sie als Binnenmeer. Das hat Auswirkungen auf die Gezeiten: In der Ostsee sind Ebbe und Flut kaum wahrzunehmen, denn das Wasser kann nirgendwohin ausweichen.

Hilfe, Heuler!

Wenn ein kleiner Seehund herzzerreißend heult, ist das ein Kontaktruf für die Seehundmutter: „Hallo Mama, hier bin ich, wo bist du?" Heuler brauchen keine menschliche Hilfe. Allerdings kommt es vor allem bei stürmischer See vor, dass Seehundjunge ihre Mutter verlieren. Dann sollte man nicht selbst eingreifen, sondern die Seehundaufzuchtstation informieren, entweder in Norden-Norddeich (Tel.: 0 49 31/89 19, siehe Seite 121) oder in Friedrichskoog (Tel.: 0 48 54/13 72) für Nordfriesland. Dort werden verwaiste und verletzte Seehunde und andere Meeressäuger aufgepäppelt und wieder in die Freiheit entlassen.

Es gibt auch kein Wattenmeer. Die mittlere Tiefe der Ostsee beträgt 55 Meter, die größte Tiefe, das Landsorttief nördlich der schwedischen Insel Gotland, 459 Meter.

Silbermöwe

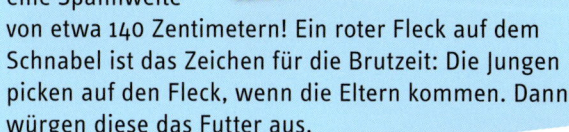

Eine der häufigsten Möwenarten ist die Silbermöwe. Ihre Flügel haben eine Spannweite von etwa 140 Zentimetern! Ein roter Fleck auf dem Schnabel ist das Zeichen für die Brutzeit: Die Jungen picken auf den Fleck, wenn die Eltern kommen. Dann würgen diese das Futter aus.

Quallen

Die Blaue Nesselqualle und die Gelbe Feuerqualle sollte man auch dann nicht anfassen, wenn sie tot am Strand liegen. Die Kapseln in den Fangfäden platzen bei Berührung auf und geben das Nesselgift frei. Das kann schmerzhaft sein. Harmlos sind die Ohrenqualle mit dem durchsichtigen Schirm und die Kompassqualle mit den bräunlichen Streifen.

Blaue Nesselqualle

Gelbe Feuerqualle

Seeigel

Seeigel leben auf felsigem Grund in bis zu 40 Metern Tiefe, wo sie sich von Algen ernähren. Ihre Stacheln dienen nicht nur zur Abwehr von Fressfeinden, sondern auch zur Fortbewegung. Die Seeigel laufen damit wie auf kleinen Stelzen. Am Strand liegen manchmal die angespülten Gehäuse ohne Stacheln.

Seestern

Seesterne brauchen kühles Wasser. Schnecken und Muscheln sind ihre Nahrung. Die Mundöffnung sitzt an der Körperunterseite. Dort haben Seesterne auch Saugfüßchen, mit denen sie Halt finden.

103

Die Gezeiten

Das Meer ist ständig in Bewegung. Zum einen, weil der Wind für Wellen und Seegang sorgt, zum anderen wegen der Anziehungskräfte von Mond und Erde: Auf der Seite der Erde, die gerade dem Mond zugewandt ist, wird das Wasser von dessen Schwerkraft angezogen. Auf der vom Mond abgewandten Seite sind die Fliehkräfte der Erde stärker als die Anziehungskraft des Mondes, hier bewegt sich das Wasser vom Mond weg. Das verursacht Ebbe und Flut.

Zweimal am Tag kommt und geht das Wasser. Genauer: zweimal in 24 Stunden und 50 Minuten. Ebbe und Flut verschieben sich täglich um etwa eine Stunde.

Die Vielfalt der Muscheln

Auster

Austern haben eine besonders dicke Schale. Wilde Austern sind selten geworden. Wenn heute ihre Schalen am Strand liegen, stammen sie von sehr alten Tieren. Die meisten Austern werden in Muschelfarmen gezüchtet und an Restaurants verkauft.

Herzmuschel

Die kleine Herzmuschel ist eine der häufigsten Muschelarten. Die Schalen können ganz verschieden gefärbt sein, weiß, hellrosa, bräunlich oder fast schwarz. Ein Kennzeichen sind die vielen Längsrillen. Die Herzmuschel lebt am Strand, wo sie sich in den Sand eingräbt.

Miesmuschel

Die bläulichschwarzen Miesmuscheln bilden große Muschelbänke, sie sind aber selten geworden. Aus einer Drüse spinnen diese Muscheln Fäden, mit denen sie sich an einer festen Unterlage verankern. So verhindern sie, dass sie von den Wellen und der Strömung davongetragen werden.

Plattmuschel

Eine der kleinsten Muscheln ist die Plattmuschel. Sie misst nur zwei bis drei Zentimeter. Plattmuscheln mit der glatten Schale leben im Schlick und im Sand; zum Atmen strecken sie ihre Atemröhre, Sippho genannt, an die Oberfläche.

Scheidenmuschel

Die Scheidenmuschel wird wegen ihrer Form auch Schwertmuschel genannt. 15 Zentimeter lang können die Schalen werden. Scheidenmuscheln leben im Sand und im Schlick in selbst gegrabenen senkrechten Gängen.

Springtide

Manchmal gibt es besonders starke Gezeiten, dann ist bei Hochwasser der Wasserstand höher als gewöhnlich. Das ist immer so, wenn Sonne, Erde und Mond auf einer gedachten geraden Linie liegen, also bei Neumond und Vollmond. Dann wirken die Anziehungskräfte von Mond und Sonne gleichzeitig auf die Wassermassen der Erde ein.

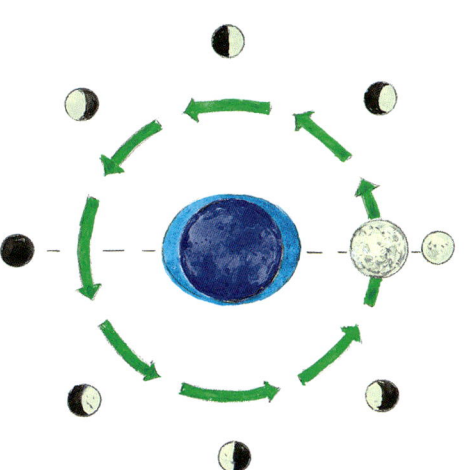

Noch mehr Strandfundstücke

Wellhornschnecke

Am Strand liegen manchmal die Gehäuse der Wellhornschnecken oder auch Ballen von sonderbaren gelblichweißen Hüllen: Das sind die leeren Laichballen der Wellhornschnecke, in denen die Eier waren.

Seepocke

Seepocken sind kleine von Kalkgehäusen umgebene Krebse. Sie sitzen an Steinen, Muscheln und auch an den Holzplanken von Schiffen. Werden Seepocken mit ihrem Untergrund an Land gespült oder werden bei Ebbe trocken, schließen sich die Kalkgehäuse. So sind die Krebse vor Feinden und vor Austrocknung geschützt.

Unter die Lupe genommen

Durchlöchertes Treibholz

Immer wieder wird Treibholz an den Strand geschwemmt, das kleine Löcher hat. Sie sind das Werk des Schiffsbohrwurms, der gar kein Wurm ist, sondern eine wurmförmige Muschel. Ihre Schalen sind zu Bohrwerkzeugen umgebildet. Die Schiffsbohrmuschel ernährt sich vor allem von Holz, das im Wasser liegt: Schiffsrümpfe, Stege oder Befestigungsanlagen.

Die Flut bringt's!

Wie das einlaufende Wasser mit jeder Welle am Strand höher und höher steigt, kannst du mit einem Ball feststellen: Auch wenn du ihn mit aller Kraft hinaus auf Meer wirfst, trägt ihn die Flut zu dir zurück.
Jede Flut spült Meeresbewohner wie Seesterne, Krebse und Quallen in Richtung Land. Zieht sich das Meer wieder zurück, legt es unzählige Muscheln frei, die eben noch von Schlick bedeckt waren. Dann finden sich viele Seevögel auf Futtersuche ein.

Auch du kannst nach der Flut die schönsten Muscheln finden.

Woher kommt der ganze Sand?

Der Sand am Strand kommt zunächst einmal aus dem Meer. Mit jeder Flut wird neuer Sand angespült, bei ablaufendem Wasser, also bei einsetzender Ebbe, wandert ein Teil zurück ins Meer. Und wie ist der Sand entstanden? Schwer vorstellbar, aber die unzähligen Sandkörner am Meeresgrund und am Strand waren vor Urzeiten massiver Fels. Während der Eiszeiten war ganz Nordeuropa von Gletschern bedeckt. Das Gletschereis schmolz und glitt und war in ständiger Bewegung. Das Gestein unter dem Eis wurde dabei langsam zerrieben. Als die Gletscher dann komplett schmolzen, blieben Steine, Kiesel und Sandkörner in allen Größen zurück.

Sandgeschichte

Ein Strand besteht nicht immer aus feinem Sand. Es gibt auch steinige Strände mit Kieseln oder einer Mischung aus Steinen und grobkörnigem Sand. Viele Steine sind von den Gletschern rund und glatt geschliffen worden.

Steinstrand

Es gibt viele Arten von Stränden mit Sand oder Steinen: An Nord- und Ostsee ist

Was wächst denn da?

Meersenf

Dort, wo der Strand in die Dünenlandschaft übergeht, breitet sich häufig Meersenf aus. Von Juni bis Oktober blüht er in sanften Farbtönen von hellrosa bis lila. Meersenf ist eine einjährige Pflanze. Er reift jedes Jahr neu aus Samen heran.

Strandroggen

Ähnlich wie der Strandhafer bildet der Strandroggen große Büschel, er wird gezielt zur Befestigung von Dünen angepflanzt. Die graugrünen, manchmal leicht bläulichen Blätter können mehr als einen Meter hoch werden.

Strandhafer

Mitten im Dünensand wächst in dichten Büscheln der Strandhafer. Für den Dünenschutz ist er sehr wichtig: Er verhindert, dass Dünen durch den ständigen Wind wandern, indem er im aufgewehten Sand immer neue Wurzeln bildet und so den Sand festhält.

Segge

Auch die Segge ist eine Dünenschutzpflanze, die den Sand festhält. Ihre Wurzelausläufer werden bis zu zehn Meter lang. Von diesen Ausläufern treiben immer wieder neue Sprossen durch den Sand nach oben ans Licht. Das sieht so aus, als hätte jemand die Seggen in Reihen angepflanzt.

Quarzsand am häufigsten. Das ist Sand, der aus dem zerriebenen Gestein besteht. Zerriebene Muschelschalen sind Muschelsand. Sehr selten ist schwarzer Sand, dessen Bestandteile Basaltkörnchen sind. Der Sand der Dünen wird auch Flugsand genannt. Er ist so fein, dass der Wind ihn leicht verwehen kann.

Sandstrand

Kiesstrand

Wie geht das?

Wie Dünen entstehen

Sobald sich ein Pflänzchen im Sand festgekrallt hat, bietet es dem Wind Widerstand. Und der Wind weht fast ständig! Er treibt Sandkörnchen vor sich her, die sich vor der Pflanze ablagern. Immer höher türmt sich der Sand auf, eine winzige Düne entsteht.

Ohne Pflanzen keine Dünen

Nährstoffreicher Spülsaum

Spülsaum heißt die Zone, in der die Wellen auslaufen und allerlei Strandgut anspülen. Am Spülsaum in der Nähe der Dünen, wo während des Winters durch Sturmfluten immer wieder große Mengen an Tang und Algen angeschwemmt werden, ist der Strandboden besonders reich an Nährsalzen. Das ist eine gute Grundlage für Pflanzen, die auf salzhaltigen Böden wachsen.

Neue Pflanzen siedeln sich an, und noch mehr Sand kann sich ablagern. Auch Treibholz oder Steine sind dem Wind im Weg, hier können ebenfalls erste kleine Dünen entstehen. Wie schnell das geht, wird sichtbar, wenn an einem stürmischen Tag ein Stück Holz oder ein Stein am Strand liegt. Damit eine neue kleine Düne Bestand hat und zu einer großen Düne heranwachsen kann, sind Pflanzen wie Segge oder Strandhafer nötig, die den Sand dauerhaft festhalten.

Grünzeug aus dem Meer

Blasentang

An Steinen oder Holz im Wasser wächst der Blasentang. Durch die Strömung reißt er manchmal ab und wird an den Strand geschwemmt. An den Tangblättern sitzen kleine Blasen. Sie enthalten Luft und sorgen unter Wasser für Auftrieb.

Meersalat

Der Meersalat ist eine Grünalge, die am Meeresboden wächst. Die Blätter der Alge ähneln Salatblättern. Tatsächlich ist die Alge essbar, sie enthält viel Magnesium, Kalzium und jede Menge Vitamine.

Spiel und Spaß am Strand

Spiel mit!

Strandkrabbenrennen

Strandkrabben sind Krebse, die sich im Seitwärtsgang fortbewegen. Das ist die Herausforderung beim Strandkrabbenrennen. Alle Läufer, die zum Wettlauf antreten, dürfen nur seitwärts flitzen. Die Lauftechnik bleibt jedem selbst überlassen – hüpfend, die Beine im Scherenschritt kreuzend, stolpernd, ... Hauptsache, jeder kommt ins Ziel!

Mach mit!

Bernstein suchen

Manchmal gibt das Meer einen besonderen Schatz frei: Bernstein. Die gelben oder goldbraunen Bröckchen sind fest erstarrtes Harz von urzeitlichen Bäumen. Vor allem auf dem Gebiet der Ostsee wuchsen vor Millionen von Jahren dichte Wälder. Deshalb findest du Bernstein häufiger an den Ostseeküsten. Geh am Spülsaum entlang, wo Schwemmgut liegt. Hier musst du nach dem sogenannten Sprockholz Ausschau halten.

Wie salzig ist Meerwasser?

Der Salzgehalt im Meerwasser kann unterschiedlich hoch sein; im Durchschnitt beträgt er dreieinhalb Prozent. Das entspricht 35 Gramm oder dreieinhalb Esslöffel Salz auf einen Liter Wasser. Meerwasser löscht nicht den Durst. Das darin enthaltene Salz entzieht dem Körper nur zusätzlich Flüssigkeit.

Aber zum Schwimmen ist Meerwasser gut geeignet: Weil es eine höhere Dichte hat als Süßwasser, trägt es besser. Ein Körper sinkt im Meer weniger leicht als in Seen.

Das sind kleine dunkle Pflanzenteile, mit Wasser vollgesogen. Sprockholz und Bernstein werden oft zusammen angeschwemmt.

Hast du wirklich Bernstein gefunden? Rühre so viel Kochsalz in ein Glas mit lauwarmem Wasser, bis sich das Salz nicht mehr auflöst. Das nennt man gesättigte Kochsalzlösung. Echter Bernstein schwimmt in dieser Flüssigkeit oben.

Eine andere Methode zur Bestimmung ist Hitze: Echter Bernstein brennt. Aber dazu ist er viel zu schade!

Bastel mit!

Muschelbild

Du brauchst:
➜ Muschelschalen
➜ Pappteller ➜ Gips
➜ ein Streichholz

Tipp: Leg das Bild, das du dir vorstellst, vorher auf Zeitungspapier aus. Jetzt kannst du noch herumprobieren und Muster oder Motive ändern.

So geht's: Den Gips rührst du nach der Anweisung auf der Packung an. Gieß ihn auf den Pappteller (nicht bis zum Rand füllen, damit nichts überquillt, wenn du die Muscheln hineindrückst). Dann setzt du die Muschelschalen hinein ①. Wenn du das Muschelbild aufhängen willst, steckst du ein Streichholz an den Rand. Nach 20 Minuten ziehst du das Hölzchen heraus, und zurück bleibt ein Loch.
Der Gips muss vollständig trocknen, am besten über Nacht. Dann lässt sich der Pappteller leicht ablösen ②.

Sandgemälde

Du brauchst: ➜ Fotokarton ➜ Wasserfarben ➜ Klebstoff ➜ Sand

So geht's: Nimm einen Bogen Fotokarton in deiner Lieblingsfarbe oder male weißen Karton mit Wasserfarben an. Die Grundierung sollte möglichst dunkel und einfarbig sein, dann kommt das Sandbild gut zur Geltung.
Mit Klebstoff zeichnest du dein Bild vor. Geh am besten abschnittsweise vor, damit der Kleber nicht schon getrocknet ist, bevor du alles aufgemalt hast. Denn der Sand muss ja noch daraufgestreut werden. Lass ihn gleichmäßig herunterrieseln und trocknen.

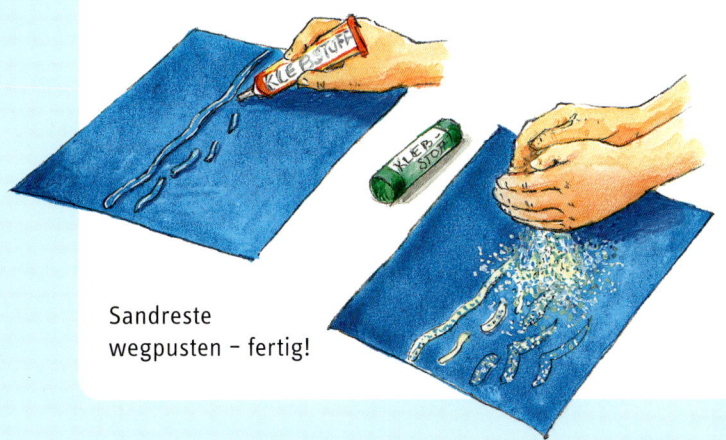

Sandreste wegpusten – fertig!

Strand-Kunst

Du brauchst nichts weiter als eine kleine glatte und freie Fläche am Strand und viele Muscheln oder Steine – oder beides. Daraus legst du ein Bild in den Sand, zum Beispiel ein Segelschiff oder einen Fisch oder einen Seevogel. Mit Muscheln oder Steinen kannst du zusätzlich einen Rahmen drum herumlegen. Das Bild verschwindet mit dem nächsten Hochwasser, wenn du es nah am Spülsaum platzierst, oder es bleibt noch für eine Weile bestehen, bis es vom verwehten Sand bedeckt wird. Mache ein Foto davon! Oder noch besser: Mache Fotos davon, wie sich das Bild mit der Zeit verändert.

Kunststück

Du brauchst: ➜ ein Stück Treibholz mit Löchern von der Schiffsbohrmuschel ➜ Klarlack ➜ passende Steine oder Muschelschalen

So geht's: Lass das Holz gut trocknen und lackiere es mit Klarlack. Anschließend kannst du deine Fundstücke in die Löcher setzen und schön präsentieren.

Expedition ins Gebirge

Wo der dichte Bergwald endet, in einer Höhe von etwa 2 000 Metern, ist die natürliche Waldgrenze.

Es beginnt eine einzigartige Landschaft. Je höher es hinaufgeht, desto karger sieht sie aus. In größter Höhe gibt es nur noch Fels und Eis.

Hochgebirge sind empfindliche Gebiete, die besonders geschont und geschützt werden müssen.

Die Alpen

Das größte Gebirge bei uns sind die Alpen mit dem höchsten Gipfel Deutschlands, der Zugspitze – 2 962 Meter hoch. Die Alpen sind ein junges Gebirge, wenn man die ganze Erdgeschichte betrachtet. So sind sie im Zeitraffer entstanden: Noch vor etwa 200 Millionen Jahren war dort, wo heute die Alpen sind, ein Ozean. In den nächsten Millionen von Jahren lagerten sich auf seinem Grund kilometerhohe Schichten ab: Schlamm, Sand, Geröll, Schalen von Meerestieren, Pflan-

zenreste. Durch den ständigen Druck wurden sie zusammengepresst, es bildete sich festes Gestein. Diese Schichten wurden nach oben gedrückt, als vor etwa 100 Millionen Jahren die beiden Kontinente Afrika und Europa in Bewegung gerieten und aneinanderstießen. Die Alpen stiegen empor – ein schroffes Gebirge entstand.
Es ging noch weiter. Die Eiszeiten kamen, die Alpen lagen unter einer hunderte von Metern dicken Eisschicht. Das Eis war immer in Bewegung

 ## Wer lebt hier?

Gämse

Gämsen leben in 1 000 bis 3 500 Metern Höhe und bewegen sich in Eis, Schnee und Fels schnell und gewandt. Die gespaltenen Hufe der Gämsen sind weit spreizbar und an den Rändern ausgefranst. Das gibt Halt.
Gämsen leben in Rudeln: Muttertiere und ihre Jungen schließen sich zusammen. Angeführt werden sie von einem älteren, erfahrenen weiblichen Tier. Bei Gefahr, zum Beispiel einem nahenden Steinadler, gibt ein Tier einen Pfiff von sich.

Alpen-Steinbock

Der Steinbock ist seltener als die Gämse und kommt ab 1 500 bis 3 500 Metern vor. Wie die Gämsen bilden Steinbockweibchen zusammen mit den Jungtieren Rudel, während die jungen Männchen sich zusammenschließen und alte Böcke einzeln leben. Die Böcke sind an ihrem besonders langen, gebogenen Gehörn zu erkennen.

Alpen-Murmeltier

Die Nagetiere leben in Familiengruppen auf besonnten Bergwiesen. Dort graben sie ihre Baue tief und weit verzweigt in die Erde und polstern sie weich mit Heu aus. Ab Oktober ziehen sie sich mit vielen Vorräten an Heu zurück und halten Winterschlaf, bis die Wiesen wieder grünen. Sie fressen Gräser, Kräuter, Blumen und Samen. Bei Gefahr warnen Murmeltiere mit einem gellenden Pfeifen.

Das Eis der Gletscher schmilzt immer mehr durch die langsame Erwärmung unseres Klimas.

und schliff Felsen ab. Die letzte Eiszeit endete vor etwa 10 000 Jahren. Geblieben sind von ihr bis heute die Gletscher. Sie schmelzen nun auch seit einigen Jahren.

Wie geht das?

Fellwechsel

Im Winter hat der Schneehase ein weißes Fell (siehe Fotos im Kasten unten). Schon im Spätsommer färbt es sich allmählich um. Das braune Sommerfell fällt nach und nach aus, und das nachwachsende Fell ist weiß. Dann sieht der Hase eine Zeit lang gescheckt aus. Im späten Herbst ist das Fell schneeweiß. Im Frühling ist es umgekehrt, dann wird aus dem weißen Winterfell nach und nach das braune Sommerfell. Der Gefiederwechsel beim Alpenschneehuhn verläuft ganz ähnlich.

Schneehase mit Winterfell ...

... und Sommerfell

Alpenschneehase

Der Schneehase ist etwas kleiner als der Feldhase. Er lebt zwischen den Zwergsträuchern über der Waldgrenze und kommt bis zur Schneegrenze in 3 000 Metern Höhe vor. Der Schneehase hat breite Pfoten, mit denen er im Schnee nicht so leicht einsinkt.

Alpenschneehuhn

In einer Höhe von 1 800 Metern ist das Alpenschneehuhn zu Hause. Es lebt im Krummholzgürtel auf den Bergwiesen. Dort baut es auch sein Nest. Die Küken folgen sofort der Mutter, und bereits nach etwa 16 Tagen lernen sie fliegen. Alpenschneehühner haben auch an den Füßen Federn. So sinken sie im Schnee nicht so leicht ein.

Steinadler

Der Steinadler ist einer der größten Adler (Flügelspannweite bis zu zwei Meter). Sein Nest, den Horst, baut er im Fels oder auf hohen Bäumen. Die Jungen werden erst im Alter von etwa 76 Tagen flügge. Wenn Adler Jagd auf Murmeltiere, Schneehasen oder junge Gämsen machen, fliegen sie in geringer Höhe über die Bergwiesen und tauchen oft ganz unvermutet hinter Kuppen auf.

Alpendohle und Alpenkrähe

Die Alpenkrähe und die Alpendohle sehen sich sehr ähnlich. Beide Arten sind Rabenvögel und haben ein schwarzes Gefieder. Ihre Beine sind rot. Die Alpendohle hat einen gelben Schnabel, die Alpenkrähe einen roten. Die Alpendohle, auch Bergdohle genannt, kommt in einer Höhe von fast 4 000 Metern vor.

Alpenkrähe

Wo der Wald endet ...

Der Bergwald ist ein Mischwald. Laubbäume werden seltener, je höher es hinaufgeht. Knapp unter 2 000 Metern endet auch der Nadelwald. Bis dahin kommen noch Lärchen und Zirbelkiefern. Ab einer Höhe von etwa 2 200 bis 2 400 Metern wächst kein Wald mehr. Dann kommt der sogenannte Krummholzgürtel, in dem alle Büsche und Bäume klein bleiben, wie Latschenkiefer und Grünerle.

Die Latschenkiefer, auch Krüppelkiefer genannt, wird nicht höher als drei Meter. Latschen bilden oft ein dichtes, bodennahes Gestrüpp.
In den Bergen dauern die Winter länger. Die Pflanzen sind daran angepasst. Sie blühen später im Jahr und bilden schneller Samen aus als im Tal. Viele Pflanzen stehen unter Naturschutz. Sie dürfen nicht gepflückt und ausgegraben werden.

Was wächst denn da?

Edelweiß

Ab einer Höhe von etwa 1 800 bis 3 000 Metern wächst das Edelweiß. Die kleine Pflanze hat filzige grauweiße Blätter, zwischen denen die winzigen hellgelben Blüten sitzen. Das Edelweiß blüht ab Juli.

Enzian

Der blaue Enzian gilt als typische Alpenblume. Aber es gibt viele verschiedene Arten des Enzians, und nicht alle sind blau. Alle stehen unter Naturschutz. Am bekanntesten ist der Alpen-Enzian. Er wächst auf mageren, feuchten Wiesen und beginnt, kurz nach der Schneeschmelze zu blühen. Dann leuchtet es blau aus dem Gras heraus. Bis in den Spätherbst hat der Enzian noch Blüten. Er kommt in Höhen bis zu 2 400 Metern vor.

Almrose

Die Rostblättrige Alpenrose wird auch Almrausch oder Almrose genannt. Sie ist eine immergrüne Pflanze, die über 120 Zentimeter hoch werden kann. Am Ende eines Zweigs stehen die Blüten in einer Traube. Die Almrose blüht von Mai bis Juli.

Alpenglöckchen

Noch unter der Schneedecke beginnt das Echte Alpenglöckchen zu blühen. Seine zwei bis drei an einem Stängel wachsenden Blüten sind blau bis violett. Bis in 3 000 Metern Höhe kommt es vor. Ganz ähnlich sieht das Kleine Alpenglöckchen aus, es wird nicht höher als zehn Zentimeter. Seine nach unten zeigenden Blüten sind violett.

Berg-Ahorn

Bis zu 35 Meter hoch kann der Berg-Ahorn wachsen und etwa 500 Jahre alt werden. Er blüht erst nach 25 bis 40 Jahren. Im September reifen die Früchte heran – die kleinen Flieger, die sich wie Hubschrauber drehend vom Wind wegtragen lassen. Wo mehrere Ahornbäume in einem kleinen Wald zusammenstehen, sind sie ein guter Schutz gegen Steinschlag.

Schilder warnen Autofahrer vor Steinschlag.

Wie geht das?

Was ist Alpenglühen?

Manchmal erscheinen abends oder morgens ganze Berggipfel in rotem Lichtschein, es sieht aus, als würden sie in Flammen stehen. Das Licht der Sonne muss in den Morgen- und späten Abendstunden den Weg zur Erde durch eine tiefere Atmosphärenschicht zurücklegen. Dabei dringen vor allem die roten Strahlen durch. Als Abend- oder Morgenrot fällt es auf die Felsen. Sie spiegeln das Licht wider, und dadurch erscheinen die Gipfel in einem intensiven Rot.

Wie kommt es zu Steinschlag?

Immer wieder passiert es: Von Felsen lösen sich einzelne Steine oder größere Brocken und stürzen herab. Zum Beispiel dann, wenn durch Regen oder schmelzenden Schnee die Erdschicht weggespült wurde. Das passiert vor allem, wenn eine Pflanzendecke fehlt. Auch wenn Frost das Gestein sprengt oder Bergwanderer Steine lostreten, droht Steinschlag.

Vorsicht, Lawinengefahr!

Lawinen entstehen, wenn der Schnee in Bewegung gerät. Die Ursachen dafür sind ganz unterschiedlich, und es gibt auch verschiedenartige Lawinen: Lösen sich Schneemassen auf ganzen Hängen und rutschen bergab, handelt es sich um eine Schneebrettlawine. Eine Lockerschneelawine breitet sich von einer Stelle ausgehend immer weiter aus. Und bei einer Staublawine löst sich Schnee und nimmt im Herabstürzen immer mehr Schnee auf. Hinter Lawinen steckt eine gewaltige Kraft. Sie reißen alles mit sich und begraben ganze Dörfer. Ein Schutz gegen Lawinen sind Wälder, denn sie bremsen die Kraft von Lawinen, und wo es Bäume gibt, kann keine dichte, zusammenhängende Schneefläche entstehen.

Am wirksamsten als Schutz ist ein Mischwald aus Fichten, Tannen und Berg-Ahorn sowie alten und jungen Bäumen, weil die alle unterschiedlich hoch und biegsam und widerstandsfähig sind.

Eine ganz besondere Landschaft

Große Brocken – kleine Steine

Als noch Gletscher die Alpen bedeckten, haben sie an ihrem Grund Erdschichten sowie große und kleine Steine mitverschoben. Dieses Material wird Geschiebe genannt. Die größeren Felsbrocken sind Findlinge. Manchmal sind sie mitten auf Bergwiesen liegen geblieben. Sie sind an ihrer Form zu erkennen: Sie sind nicht schroff und kantig, sondern abgerundet, und auf ihrer Oberfläche zeigen sich Schrammen und Risse – vom Eis eingeritzt.

Steine gibt es in den Bergen in allen Größen.

Findling

In Gebirgsbächen findet man dagegen oval geschliffene Kieselsteine. Auch bei ihnen haben Gletscher mit ihrer Kraft den Anfang gemacht. Sie haben Gestein immer mehr zerkleinert, geglättet und am Ende abgelagert und aufgetürmt. Unzählige dieser Steine wurden dann vom Wasser des schmelzenden Gletschers mitgerissen. Dabei rieben sie sich aneinander, polterten mal nach oben, mal nach unten. So wurden sie immer glatter und runder.

Mach mit!

Natur-Kunst

Mit „Land-Art" („art", englisch = Kunst) sind Kunstwerke gemeint, die aus natürlichen Materialien entstehen, mit der Zeit verwittern, zusammenfallen und vergänglich sind. Für dein Kunstwerk sammelst du nur auf, was an Wegen oder auf Hängen herumliegt, du brichst keine Zweige ab und pflückst keine Pflanzen. Du könntest einen Steinkreis oder eine Steinschnecke legen, einen Steinhügel oder aus flachen Steinen einen Turm aufschichten. Oder du hältst nach den ganz vertrockneten silbrig gewordenen Ästen Ausschau, die du kreuz und quer übereinanderstapelst.

Steinhügel

Wie geht das?

Wie ein Echo entsteht

Alle Töne erzeugen eine unsichtbare Druckwelle in der Luft. Wo Berge steil aufragen, entsteht dadurch das Echo: Die Druckwelle setzt sich fort, sie prallt auf eine Felswand, und von dort aus wird sie wieder zurückgeworfen, die Welle nimmt also ihren Weg wieder in die umgekehrte Richtung. Und nach kurzer Zeit ist der Ton, fast so, wie er abgeschickt wurde, wieder zu hören. Er muss natürlich laut genug sein.

Wer lebt hier?

Schneefink

Der kleine Vogel, der zu den Sperlingen gehört, kommt noch in Höhen von über 3 000 Metern vor. Sogar den Winter verbringt er so weit oben. Er findet im Krummholzgürtel (siehe Text S. 114 oben) noch immer Samen und einen guten Schutz gegen Kälte und Wind. Im Sommer, wenn die Jungen heranwachsen, ernähren sich Schneefinken von Insekten und Spinnen.

Schneemaus

Die Schneemaus wird auch Alpenwühlmaus genannt. Sie ist noch in 4 000 Metern Höhe zu finden. Sie hat ein besonders dichtes und weiches Fell. Für den

Winter muss sie einen großen Vorrat an Samen, Gräsern, Kräutern und Knospen anlegen. Den bringt sie in den weich ausgepolsterten Bau. Unter dem Schnee gräbt sie sich auf Nahrungssuche von Wurzel zu Wurzel.

Alpensalamander

Er braucht, anders als sein Verwandter im Flachland, kein Wasser für die Fortpflanzung, denn das Weibchen legt keinen Laich ab. Es bringt zwei voll entwickelte Junge zur Welt. Der Alpensalamander ist ganz schwarz oder sehr dunkel. Er ist nachts und bei feuchtem Wetter auch tagsüber munter und macht dann Jagd auf Insekten, Schnecken und Würmer. Er steht unter strengem Schutz.

Alpenapollo

Schmetterlinge

Der Alpenapollo ist eine Seltenheit. Er flattert auf Bergwiesen in etwa 2 000 Metern Höhe. Seine Raupen schlüpfen erst im Frühling. Der Falter kommt nach der Verpuppung genau dann aus der Hülle, wenn die Bergwiesen blühen.

Alpenbläuling

Etwas höher ist der Alpenbläuling zu finden. Sein Lebensraum sind Bergwiesen in etwa 2 000 bis 2 400 Metern Höhe.

Admiral

Fast ebenso groß wird der Admiral, ein Edelfalter, der noch in Höhen von 2 400 Metern anzutreffen ist. Der Admiral ist ein Wanderfalter, der sogar die Alpen überquert.

Spiel und Spaß auf der Alm

Die Alpen sind ein altes Kulturland. Die Bergwiesen sind keine natürliche Landschaft. Es gibt sie, weil in den Sommermonaten das Vieh hinaufgetrieben wird, weil Wiesen gemäht und durch die Hinterlassenschaften der Kühe gedüngt werden. Vor etwa 7000 Jahren haben Menschen damit begonnen, auf den Almen ihr Vieh zu weiden. Um das Jahr 800 gab es schon eine Almwirtschaft, ähnlich wie heute. Auf den Bergwiesen findet das Vieh kräftigendes und gesundes Grünfutter aus Gräsern und Kräutern, die Luft ist klar und die Tiere werden widerstandskräftiger. Und auch Menschen halten sich gerne in diesen Gebieten auf, wandern im Sommer und kehren in den bewirtschafteten Almhütten ein.

Bergkäse

Auf manchen Almhütten wird auch Käse gemacht. Zuerst wird die Milch gereinigt und erhitzt. Dazu kommen entweder Lab, das ist ein Eiweißstoff, oder Milchsäurebakterien. Sie machen die Milch dick. Die fester gewordene Milchmasse wird in kleine Stücke geschnitten, den sogenannten Käsebruch. Die Molke, die sich dabei bildet, wird abgegossen. Der noch weiche Käse wird in Tücher oder Formen gefüllt, durch Pressen wird noch vorhandene Molke entfernt. Der Käse erhält dabei schon seine Laibform. Er wird in den Käsekeller gelegt, in dem es immer etwas feucht und kühl sein muss. Er reift nun, bis er die richtige Festigkeit hat.

Und wie kommen die Löcher in den Käse?

Im Käsebruch bleiben immer kleine Hohlräume. In ihnen bilden sich, während der Käse reift, Gase. Wie kleine Luftblasen bleiben sie zurück, und so entstehen die Löcher.

 ## Koch dir was!

Kässpatzen

Zutaten: → 500 g Spätzle → 200 ml Sahne → 100 g Käse (je nach Geschmack: Emmentaler, Appenzeller, Allgäuer) → drei, vier Stängel glatte Petersilie → 1 kleine Zwiebel → Salz, Pfeffer → Butter oder Margarine

Zubereitung: Den Käse reiben, die Petersilie hacken, die Zwiebel würfeln. Zwiebel in Butter oder Margarine glasig anbraten.

Sahne dazugießen und Petersilie dazustreuen. Nur kurz aufkochen lassen. 50 Gramm Käse dazugeben, alles gut durchmischen. Die gekochten Spätzle in die Masse geben. Dann kommt die Mischung in eine gefettete Auflaufform und wird mit dem restlichen Käse bestreut. Bei 200°C etwa 20 Minuten lang überbacken, bis der Käse geschmolzen ist und eine leichte Bräune angenommen hat.

Back dir was!

Kleines Vesperbrot

Zutaten: ➜ 200 g Weizenmehl ➜ 300 g Vollkornmehl ➜ 1 TL Salz ➜ 400 ml Wasser ➜ 1 Päckchen Trockenhefe ➜ Sonnenblumenkörner zum Bestreuen

Zubereitung: Zutaten – bis auf die Körner – in eine Schüssel geben, gut durchmischen und durchkneten, mindestens fünf Minuten lang. Die Schüssel zudecken und den Teig bei Zimmertemperatur aufgehen lassen. Das dauert 30 Minuten oder mehr.
Noch einmal kurz durchkneten, in eine gefettete Form füllen, die Oberseite einritzen, mit den Körnern bestreuen und erneut kurz gehen lassen.
Für etwa 45 Minuten bei 200°C backen.
Schmeckt gut, wenn es noch etwas warm ist und mit Butter und Salz oder Kräutern angerichtet wird.

Bastel mit!

Für die Basteleien brauchst du Kieselsteine in verschiedenen Größen. Wenn du die Steine mit Wasserfarben bemalst, musst du anschließend Klarlack auftragen. Andere Möglichkeit: Namen lassen sich gut mit einem Permanentmarker, mit wasserfestem Filzstift oder mit einem Goldstift auf den Stein schreiben. Fürs Zusammenkleben von Steinen ist Alleskleber geeignet. Silberdraht für Steinschmuck gibt es in verschiedenen Stärken, 0,4 Millimeter reichen für meisten Steine aus.

Namenssteine

Du schreibst mit einem Permanentmarker auf jeden Stein einen Namen – für den nächsten Geburtstag anstelle von Tischkarten oder für Freunde als kleines Geschenk für den Schreibtisch.

Spielsteine

Auf einen größeren Stein wird ein kleinerer Stein gesetzt, der kleinere Stein wird in einer Farbe bemalt. Für die meisten Spiele werden vier Steine in derselben Farbe gebraucht. Jetzt kannst du Spiele wie Mühle oder Mensch ärgere dich nicht selbst nachbasteln.

Schmucksteine

Ein besonders schöner Stein wird mit Silberdraht eingefasst. Der Draht wird über Kreuz um den Stein gelegt, oder der Stein wird umwickelt. Dann formst du aus dem Draht noch eine kleine Schlaufe, durch die du ein Lederband, eine Kordel oder eine Kette ziehst. Dieser Schmuck ist immer einmalig.

Weiterführende Adressen

Allgemeines

www.bmu-kids.de

Die Kinderseite des Bundesumwelt-
ministeriums im Internet.

Bundesumweltministerium,
Referat Öffentlichkeitsarbeit
11055 Berlin
Tel.: 030/18305-0
Fax: 030/18305-2044

www.naturdetektive.de

Das Bundesamt für Naturschutz informiert
über Projekte für Kinder.

Bundesamt für Naturschutz
Konstantinstraße 110, 53179 Bonn
Tel.: 0228/8491-4444
Fax: 0228/8491-1039

www.naju.de

Die Naturschutzjugend NAJU ist die
Kinder- und Jugendorganisation des
Naturschutzbundes Deutschland, NABU.

NAJU im NABU
Bundesgeschäftsstelle
Charitéstraße 3, 10117 Berlin
Tel.: 030/2849841900
Fax: 030/2849842900

www.bund.net

Bund für Umwelt und Naturschutz
Deutschland e.V. (BUND)
Bundesgeschäftsstelle
Am Köllnischen Park 1, 10179 Berlin
Tel.: 030/275864-0
Fax: 030/275864-40

www.natur-ranger.de

1998 gründete die Heinz Sielmann Stif-
tung die Jugendorganisation Sielmanns
Natur-Ranger Deutschland e.V.
Die Naturranger schützen gefährdete
Tiere und Pflanzen.

Sielmanns Natur-Ranger Deutschland e.V.
Gut Herbigshagen, 37115 Duderstadt
Tel.: 05527/914240
Fax: 05527/914250

Wetter

www.physikfuerkids.de/lab1/wetter/

Das Internet-Projekt der „Carl von
Ossietzky Universität Oldenburg" erklärt
Wetterphänomene.

Nachts

www.flaus-online.de/kids

Mit vielen nützlichen Infos zu den verschiedenen Feldermausarten.

www.noctalis.de

Fledermauserlebnisausstellung Noctalis
Fledermauszentrum GmbH
Oberbergstraße 27, 23790 Bad Segeberg

Garten und Stadt

www.dggl.org/bundesverband/
bv_gartenpforten_start.html

Bei der „Offenen Pforte" öffnen private
Gartenbesitzer ihre Gärten für Besucher.
Die Deutsche Gesellschaft für Gartenkunst
und Landschaftskultur e.V. informiert
über Aktionen und Termine.

DGGL – Deutsche Gesellschaft für Garten-
kunst und Landschaftskultur e.V.
Wartburgstraße 42, 10823 Berlin
Tel.: 030/78813613
Fax: 030/7874337

Eine Übersicht über Botanische Gärten in
Deutschland gibt es unter: www.garten-
linksammlung.de/

Vögel

www.lbv.de

Landesbund für Vogelschutz
in Bayern (LBV) e.V.
Landesgeschäftsstelle
Eisvogelweg 1, 91161 Hilpoltstein
Tel.: 09174/4775-0
Fax: 09174/4775-75

www.weltvogelpark.de

Im größten Vogelpark der Welt leben
heimische und exotische Vögel.

Weltvogelpark Walsrode
Am Vogelpark, 29664 Walsrode
Tel.: 05161/6044-0
Fax: 05161/6044-40

Igel

www.pro-igel.de

Beim Verein Pro Igel e.V. gibt es Tipps
zur Igelhilfe.

Lilienweg 22, 24536 Neumünster
Tel.: 01805/555-9555
Fax: 04321/939479

www.igelverein.de

Hier findet man eine Übersicht über
Igelstationen in Deutschland.

Schmetterlinge

www.alaris-schmetterlingspark.de

Hunderte frei fliegender Schmetterlinge
gibt es z.B. im Alaris Schmetterlingspark
Wittenberg zu bewundern.

Rothemarkstraße 131,
06886 Lutherstadt Wittenberg
Tel.: 03491/666380
Fax: 03491/412031

Weitere Alaris-Parks in Buchholz/
Nordheide, Uslar im Solling, Sassnitz auf
Rügen

Wiese

www.bluehende-landschaft.de

Das Netzwerk Blühende Landschaft
will Landschaften gestalten, in denen
Menschen, Pflanzen und Tiere sich wohlfühlen können.

Koordination des Netzwerk Blühende
Landschaft
Holger Loritz
Wetzelstraße 13, 96047 Bamberg
Fax: 03212/1096988

www.sglibellen.de

Schutzgemeinschaft Libellen in Baden-
Württemberg e.V.
Dr. Theodor Benken
Danzigerstraße 6, 77855 Achern
E-Mail: info@SGLibellen.de

www.the-stork-foundation.de

THE STORK FOUNDATION – Störche für
unsere Kinder – möchte den Lebensraum
für den Storch erhalten.

Storkenkate Preten
19273 Amt Neuhaus
Tel.: 038841/204-12
Fax: 038841/204-24
Und:

THE STORK FOUNDATION
Paulinenweg 12, 33790 Halle (Westf.)
Tel.: 05201/128353
Fax: 05201/12118353

Feld

www.schutzaecker.de

100 oder mehr Ackerstandorten („100
Äcker für die Vielfalt") sollen für die
Sicherung seltener Ackerwildkräuter
unter Schutz gestellt werden.

www.feldhamster.de

Arbeitsgemeinschaft Feldhamsterschutz
(AGFHA) Olaf Godmann
Hauptstraße 33, 65527 Niedernhausen
Tel.: 06127/7453

www.heckenschutz.de

(AKH) c/o Jürgen Kruse
Zieleitz 7, 29479 Jameln
Tel.: 05864/986422

Gewässer

www.oekologie-zentrum-aachen.de

Das Ökologie-Zentrum Aachen bietet
Bachexkursionen speziell für Kinder an.

Ökologie-Zentrum Aachen
An der Schanz 1, 52064 Aachen
Tel.: 0241/88914-25 bzw. -26

www.vdg-online.de
Vereinigung Deutscher Gewässerschutz e.V.
Königswinterer Straße 829, 53227 Bonn
Tel.: 02 28/37 50 07
Fax: 02 28/37 55 15

Wald

www.wald.de
Die Stiftung Unternehmen Wald möchte
mehr naturnahen Wald in Deutschland
und im Ausland schaffen.
Stiftung Unternehmen Wald
Bondenwald 108, 22453 Hamburg
Tel.: 0 40/55 40 36 83
Fax: 0 40/55 40 36 82

www.sdw.de
Schutzgemeinschaft deutscher Wald,
Bundesverband SDW
Meckenheimer Allee 79, 53115 Bonn
Tel.: 02 28/9 45 98 30
Fax: 02 28/9 45 98 33

www.waldjugend.de
Die Jugendorganisation der Schutzge-
meinschaft Deutscher Wald (SDW).
Deutsche Waldjugend Bundesverband e.V.
Postfach 30 06
Auf dem Hohenstein 3, 58675 Hemer
Tel.: 0 23 72/66 08 49
Fax: 0 23 72/6 23 61

www.baum-des-jahres.de
Der Verein Baum des Jahres e.V. und die
Stiftung Menschen für Bäume setzen sich
für Bäume in Parks, in der Landschaft und
im Wald ein.
Dr. Silvius Wodarz,
Verein Baum des Jahres e.V.
Kneippstraße 15, 95615 Marktredwitz
Tel.: 0 92 31/98 58 48
Fax: 0 92 31/8 29 27

www.ameisenschutzwarte.de
Die DASW überwacht Ameisenhügel,
übernimmt den Schutz und rettet
Ameisenvölker durch Umsiedlung.
Ameisenschutzwarte e.V.
Vereinigung der Landesverbände der DASW
Krudenburger Weg 15, 46569 Hünxe
Tel.: 0 28 58/90 91 63

www.pilzmuseum.erbgericht.org
Mit Modellen von über 700 Pilzarten und
vielen Informationen gehört diese Dauer-
ausstellung in ihrer Vielfalt zu den besten
ihrer Art in Europa.
Pilzmuseum Reinhardtsgrimma
Grimmsche Hauptstraße 44,
01768 Reinhardtsgrimma
Tel.: 0 15 20/2 07 09 15
Fax: 0 35 053/4 88 67

Besonders in diesen Nationalparks geht
es um den Wald:

Nadelwald

www.nationalpark-bayerischer-wald.de
Nationalparkverwaltung
Bayerischer Wald
Freyunger Straße 2, 94481 Grafenau

Tel.: 0 85 52/96 00-0
Fax: 0 85 52/96 00-100

Laubwald

www.nationalpark-hainich.de
Der Hainich ist das größte zusammenhän-
gende Laubwaldgebiet in Deutschland.
Nationalpark Hainich
Bei der Marktkirche 9,
99947 Bad Langensalza
Tel.: 0 36 03/3 90 70

www.nationalpark-kellerwald-edersee.de
Nationalparkamt Kellerwald-Edersee
Laustraße 8, 34537 Bad Wildungen
Tel.: 0 56 21/7 52 49-0

Auenwald

www.nationalpark-unteres-odertal.de
Nationalpark Unteres Odertal
Park 2, 16303 Schwedt (Oder)
Tel.: 0 33 32/26 77-0
Fax: 0 33 32/26 77-220

Moor

Schwarzes Moor, Rhön

Führungen + Infos:
Infozentrum „Haus der langen Rhön"
Unterelsbacher Straße 4,
97656 Oberelsbach
Tel.: 0 97 74/91 02 60
Fax: 0 97 74/91 02 70

Hohes Venn

Deutsch-belgischer Naturpark „Hohes
Venn" – Moor „Hohes Venn" auf der
belgischen Seite.
Tourist-Informationen für das Gebiet
des Deutsch-Belgischen Naturparks:
Nordrhein-Westfalen und Rheinland-Pfalz
Eifel Tourismus GmbH
Kalvarienbergstraße 1, 54595 Prüm
Tel.: 0 65 51/96 56 0
www.eifel.info

Ostbelgien

Verkehrsamt der Ostkantone
Mühlenbachstraße 2, B-4780 St. Vith
Tel.: 00 32/(0) 80 22 76 64
Fax: 00 32/(0) 80 22 65 39
www.eastbelgium.com

Torf

Torfmuseum im Schloss Landestrost
Schlossstraße 1, 31535 Neustadt
Tel.: 0 50 32/8 99-154

Heide

www.naturpark-lueneburger-heide.de
Im Naturpark gibt es verschiedene Familien-
erlebniswanderwege; Infos z.B. bei der:
Naturpark-Informationsstelle
Schneverdingen
Rathauspassage 18,
29640 Schneverdingen
Tel.: 0 51 93/9 38 00
Fax: 0 51 93/9 38 90

Bienen

www.deutscherimkerbund.de
Das Internetportal des Deutschen Imker-
bundes bietet auch spezielle Seiten für
Kinder und Jugendliche.
„Haus des Imkers"
Villiper Hauptstraße 3, 53343 Wachtberg
Tel.: 02 28/93 29 20
Fax: 02 28/32 10 09

Strand und Meer

www.nationalpark-wattenmeer.de
Drei Nationalparks gibt es an der
Nordsee: Schleswig-Holsteinisches,
Niedersächsisches und Hamburgisches
Wattenmeer.
Nationalparkverwaltung
Schleswig-Holsteinisches Wattenmeer
Schlossgarten 1, 25832 Tönning
Tel.: 0 48 61/6 16-0
Fax: 0 48 61/6 16-69
Nationalparkverwaltung
Niedersächsisches Wattenmeer
Virchowstraße 1, 26382 Wilhelmshaven
Tel.: 0 44 21/9 11-0
Nationalparkverwaltung
Hamburgisches Wattenmeer
Nationalpark-Station Neuwerk
Turmwurt,
27499 Insel Neuwerk
Tel.: 0 47 21/69 271
Fax: 0 47 21/2 88 60

www.juniorranger.de
Zahlreiche Nationalparks, Biosphären-
reservate und Naturparks laden Kinder
und Jugendliche von 7–12 Jahren ein, am
Junior-Ranger-Programm teilzunehmen.

www.nationalpark-vorpommersche-
boddenlandschaft.de
Nationalparkamt Vorpommern
Im Forst 5, 18375 Born
Tel.: 03 82 34-5 02-0
Fax: 03 82 34-5 02-24

www.seehundstation-norddeich.de
Seehundstation Nationalpark-Haus
Dörper Weg 24, 26506 Norden
Tel.: 0 49 31/89 19
Fax: 0 49 31/82 24

www.seehundstation-friedrichskoog.de
Seehundstation Friedrichskoog
An der Seeschleuse 4,
25718 Friedrichskoog
Tel.: 0 48 54/13 72
Fax: 0 48 54/92 31

Berge

www.jdav.de
Wichtig ist dem Deutschen Alpenverein
die Freude an der Bewegung in den
Bergen und der Wunsch, diese Landschaft
zu erhalten.
Jugend des Deutschen Alpenvereins
Von-Kahr-Straße 2-4, 80997 München
Tel.: 0 89/14 00 377
Fax: 0 89/14 00 329

Register

Impressum

Mit ca. 102 Illustrationen von Milada Krautmann, Stuttgart.

Umschlaggestaltung von Sigrid Walter, Walter Typografie & Grafik GmbH, Würzburg unter Verwendung von 4 Farbfotos: großes Bild auf dem Cover Heidi Velten, kunterbunt.net, alle anderen Bilder auf dem Rücken Morgan Lane Photography/shutterstock.com.

Mit 374 Farbfotos:

Heidi Velten/kunterbunt.net: 2/3, 40/41; PhotoZa/fotolia.de: 3 m.; Morgan Lane Photography/shutterstock.com: 6/7, 8 r.o., 9 r.m., 68/69, 71 l.u.; VRDI/fotolia.de: 8 l.o.; Seen/fotolia.de: 8 m.; aida ricciardiello/shutterstock.com: 8 l.u.; Denis/fotolia.de: 8 re.u.; Irochka/fotolia.de 9 l.u.; Stephen Fair/fotolia.de 9 r.u.; MARCO.Sante Samantini 10 o.; Dennis Oswald: 10 m.o., l.m., l.u., m.u., r.u.; public domain: 10 m.m., r.m.; Elnur/fotolia.de: 11 l.o.; Benoit Henneton/fotolia.de 11 r.o.; Bellmann/Gartenschatz: 11 r.u., 11 m.u., 13 o., 20 l.u., 21 r.m., 26 l.o., 34 r.m., 35 l.o., 35 l.m., 44 (Rainfarn) r.m., 44 (Wegwarte) l.u., 45 l.m., 45 l.u., 54 l.m., 64 (Gilbweiderich) l.u., 72 l.u., (Waldgeißblatt) l.u., 73 (Schlüsselblume und Waldmeister), 76 m.m., 77 l., 83 l.m., l.u. (Silber-Weide), 83 l.u., 89 l.o., l.u., 96 l.o., r.o., r.m., 114 l.o., 114 r.o., 114 r.u.; Bellmann: 11 r.u. (Spitzwegerich), 12 r.m., 13 r.u., 16 l.m., 18 r.o., r.m, r.u., 19 r.o., 21 l.m., 17 (Gartenrotschwanz) r.u., 25 m.l., 26 r.u, 32 (Weichkäfer) r.m., 32 (Marienkäfer) r.m., r.u., 33 r.o., r.m., l.u., 34 r.o., 35 r.o., r.u., 36 r.o., l.m., 42 r.m., 43 r.m., l.u., 44 (Kamille) l.o., (Beifuß) r.m., l.m., r.m., l.u., r.u., 47 r.o., 49 r.u., 53 r.o., (Larven) l.m., l.u., 54 r.m., l.u., r.u., 55 (Bachforelle) l.u., (Wasseramsel) r.u., (Larven) r.u., 60 r.o., r.u., (Blässralle) m.u., 61 r.m., l.m., l.u., 63 r.o., r.m, l.m., l.u., 64 r.o., r.m., r.u., (Blutweiderich) l.o., l.m., l.u, 65 r.o., r.m., r.u., l.o., (Rückenschwimmer und Posthornschnecke) l.m., l.u., 70 l.u., 17 r.m., 72 l.o., l.u., (Bärlauch) r.o., (Efeu) l.u., 74 r.u., 75 l.o. (Waldmistkäfer), l.m., 76 l.u., r.o., 77 r., 79 r.o., 83 l.u. (Korb-Weide), r.m. (Sumpfdotterblume), r.m. (Sumpf-Schwertlilie), 87 r.o., l.o., l.m., r.m., 88 l.o., r.o., r.u., 95 r.o., r.m., 96 l.o., l.u, 97 l.o., 107 l.u., 114 l.o., 117 r.o., 117 r.u.; Frank Hecker: 12 l.m., 24 r.u., 33 l.m., 42 l.u., 43 l.u. 53, r.m. 53 r.u., 61 r.o., r.m., 55 (Gründling) m.u., 74 r.o., 75 r.o., 108 l.u., 78 u.l., 102 l.m.; vchphoto/fotolia.de: 12 l.u., 24 l.u.; Helwig: 12 r.m., 79 l.u., 110 r.o., 55 (Eisvogel) r.u.; G. Synatschke: 12 r.u.; kzenan/shutterstock.com: 14/15; vinicius Tupiuambal/shutterstock.com: 16 l.o.; Silke Arnold/Kosmos: 16 u.; M. Partsch: 17 (Kohlmeise) r.m., 24 r.u., 25 l.u., 42 l.m., 60 (Teichralle) l.u, 70 r.m., 79 m.r., 81 r., 82 r.o., 103 (Silbermöwe); Danielle Bonardelle/fotolia.de: 17 l.o.; Brian Lamberty/fotolia.de: 17 (Amsel), l.m.; davematt/fotolia.com: 17 (Amsel); Samuele/fotolia.de: 17 (Blaumeise) l.u.; K.-U. Häßler/fotolia.de: 17 (Haussperling) r.m., (Buchfink) r.u.; Karsten Knuth/wikipedia.de: 18 l.; Amy Johansson/shutterstock.com: 19 l.u.; Olga Nayashkova/dreamtime.com: 19 r.u.; Natalia Bratslavsky/dreamtime.com: m.u.; Salahvdiu/dreamtime.com: 20 r.u.; Losevsky Pavel/shutterstock.com: 22/23; Elaine Nash/shutterstock.com: 24 l.m.; Essler: 25 r.m., 71 r.u., 74 l.o., 79 r.u., 82 l.u., 102 r.m.; Martina Berg/fotolia.de: 25 r.u., 34 r.u., 80 l.o.; picture-alliance/dpa: 25 r.o.; Jean-Paul Grandmont/wikipedia.de: 26 r.o.; lantapix/dreamstime.com: 26 r.u. (Platane); Julian Weber/fotolia.de: 27 (Ahorn) l.o.; Andrzej Tokarski/fotolia.de: 27 (Kastanie) m.o.; sida/fotolia.com: 27 (Linde) r.o.; Zhang Yang 13576997233/shutterstock.com: 27 (Platane) l.o.; Raymond/Thill/fotolia.de: 27 (Esche) m.o.; Sergei Rezvodovskii/dreamstime.com: 27 r.o.; Inc/shutterstock.com: 30/31; Luc Viatour: 32 r.o; J.y./fotolia.de: 32 l.u.; Felix Schollmeyer/fotolia.de: 33 l.o.; Helmut Niedenhoff/fotolia.de: 33 m.u.; Janina Diehrs/fotolia.de: 33 r.u.; T. Voekler/wikipedia.de: 34 l.o.; Christian Fischer/wikipedia.de: 34 l.u., 83 r.o., 86 r.o., 106 r.u.; KENPEI/wikipedia.de: 35 r.m.; Thaut Images/fotolia.de: 35 l.u.; Christian Musat/shutterstock.com: 36 l.u.; scarleto/fotolia.de: 36 r.u.; Krzysytot Jankowski/wikipedia.de: 37 r.u.; Alois/fotolia.de: 38 (Borretschblätter und -blüte) r.o.; Phoenixpix/fotolia.de: 38 Gänseblümchen m.o.; Birgit Reitz-Homann/fotolia.de: 38 (Sauerampfblätter) m.m.; Artem Rebrov/shutterstock.de: 38 (Rotkleeblüten) r.m.; Uros Petrovic/fotolia.de: 38 (Löwenzahnblätter) l.m.; emer/fotolia.de: 38 (Gierschtriebe) l.m.; Hugo.arg/wikipedia.de: 38 r.u.; Carol Lynch/fotolia.de: 42 r.o.; fuxart/fotolia.de: 43 l.o.; Dr. Martin Woike/okapia.de: 43 r.o.; wojciech nowak/fotolia.de: 43 m.m.; Nill/linnea images: 42 r.o., 70 r.m., 71 r.m., 74 l.u., 75 (Habicht), 78 r.m., 82 l.o., 102 r.u., 117 l.o.; hazel proudlove/fotolia.de: 44 r.o.; Frank Vincentz/wikipedia.com: 44 r.m., 114 l.u. (Frucht); Sue Robiuoson/shutterstock.com: 45 l.o.; Cephas/wikipedia.de: 45 r.o.; tombalaguert/shutterstock.de: 46 (Kartoffelfeld) l.o.; Nobapix/fotolia.de: 46 (Kartoffeln) l.o.; Otto Durst/fotolia.de: 46 (Zuckerrübenblätter) r.o.; Rebel/fotolia.de: 46 (Zuckerrübe) r.o.; Borislav Borisov/shutterstock.com: 48 (Hase langsam) l.m.; Herbert Kratky/shutterstock.com: 48 (Hase schnell) l.o.; ArvydasS/shutterstock.com: 48 (Fuchs) m.m.; pfalztv/shutterstock.com: 48 Reh m.o.; Steve Brigman/shutterstock.com: 48 (Wiesel) r.o.; Geanina Bechea/shutterstock.com: 48 (Feldmaus) r.o.; Joachim Neuman: 49 (Bussard) r.o.; Bergriugfoto/fotolia.de: 49 l.u.; Ronny Hirschmann/fotolia.com: 49 m.m.; aksix/shutterstock.com: 50/51; David Pratt/dreamstime.com: 52 l.o.; Martin Fischer/wikipedia.de: 52 r.m.; Reinhold Stansivj/wikipedia.de: 52 r.u.; Kent Soreusen/shutterstock.com: 58/59; Kristof Degreef/shutterstock.com: 60 l.o.; arokhy/fotolia.com: 61 r.u.; Peter Eggermann/shutterstock.com: 63 r.u.; Helena Olochova/shutterstock.com: 72 r.o.; Pixelmania/fotolia.com: 73 r.o.; Stefanie Maertz/fotolia.com: 73 (Maiglöckchen); pm photo/fotolia.com: 73 r.u.; Michael Springmann/wikipedia.com: 78, r.o.; Adiasz: 78 l.o.; Müller: 78 (Wintergoldhähnchen); Zoller: 78 r.u., m, 112 m.u., 113 r.o.; Pepiel/fotolia.com: 80 l.o.; Mindangans Urbonas: 81 l.; hfox/fotolia.com: 82 r.u.; Konstanze Gruber: 83 l.o.; Inc/shutterstock.com: 84/85; Matthias Krüttgen/fotolia.com: 86 r.m.; H. Partsch: 87 r.m.; Kim Hansen: 88 l.u. (kleines Bild); Martin Olsson: 88 l.u. (großes Bild); Pietzmoor@blickfang: 86 r.o.; Enslin/wikipedia.com: 89 r.m.; Deutsches Bundesarchiv: 89 r.u. (2 Bilder); picture alliance/Bildagentur-online: 92/93; Onno Brandis/fotolia.com: 94 l.o.; drwweber/fotolia.com: 94 l.u. (kleines Bild); Willow/wikipedia.com: 94 u.m. (großes Bild), 114 l.u. (Blatt); Fritz Geller Grimm/wikipedia.com: 95 l.m. (Sandbiene); D. Bellmann: 95 l.o.; Jürgen Willbarth: 98 r.o.; Pilipipa1/dreamstime.com: 100/101; Carolunki/shutterstock.com: 102 l.o.; JM Fotografik: 102 r.o. (kleines Bild); Janke: 102 r.o. (Wattwurm), 103 r.m., r.u., 104 l.o., r.o., l.u., l.m., l.u., 105 l.o., r.u., l.m., 107 r.u.; Harald Lange/fotolia.com: 102 l.u.; Jens Ottoson/shutterstock.com: 103 m.o.; Malene Thyssen/wikipedia.com: 103 (Blaue Nesselqualle); pmac/fotolia.com: l.u.; Chiyacar/shutterstock.com: 106 r.o.; Guido Miller/fotolia.com: 106 r.m.; Karosh/fotolia.com: 106 l.u.; Schrempp: 106 l.o.; Jürgen Werke/fotolia.com: 107 (Sandstrand); Dieter.Kargl/fotolia.com: 107 (Kiesstrand); Lars Koch/fotolia.com: 107 l.o.; ER_09 /shutterstock.com: 110/111; steffenw/fotolia.com: 113 l.o.; Peter Wey/dreamstime.com: 113 l.m. (Alpenschneehase weiß); Engler. 113 l.m. (Schneehase braun); Paulo Penia Pinto/fotolia.com: 113 r.u.; Vorholt/linnea images: 113 l.u.; Heiko butz/fotolia.com: 115 o.l.; Fokus Natur/fotolia.com: 115 r.m.; Kapul/fotolia.com: 115 r.u.; ingurio/fotolia.com: 116 (Findling); Nina B/shutterstock.com: 115 r.o.; Michael Stumpf/fotolia.com: 116 l.u.; Wolfgang Faber/wikipedia.com: 117 (Alpenapollo); aslutsky/shutterstock.com: 117 (Alpenbläuling); Svíčkovà/wikipedia.com: 117 l.u.; Turi/fotolia.com: 118 l.o.; HLPhoto/fotolia.com: 118 r.o.

Unser gesamtes lieferbares Programm und viele weitere Informationen zu unseren Büchern, Spielen, Experimentierkästen, DVDs, Autoren und Aktivitäten finden Sie unter **www.kosmos.de**

© 2011, Franckh-Kosmos Verlags-GmbH & Co.KG, Stuttgart
Alle Rechte vorbehalten
ISBN 978-3-440-12416-1
Lektorat: Ina Lutterbüse
Produktion: Verena Schmynec
Layout: Walter Typografie & Grafik GmbH
Printed in Germany

Spannende Reisen in die Natur

Anita van Saan
Mein erstes Welche Tierspur ist das?
ISBN 978-3-440-12454-3

Welche Spuren hinterlassen Tiere überhaupt? Dieser Naturführer zeigt dir die 50 wichtigsten einheimischen Tierspuren – von der Amsel bis zur Ziege. Außerdem gibt es viele Extra-Kästen, mit Ideen zum Ausprobieren, Mitmachen und vielen zusätzlichen Infos.

Jeder Band mit 64 Seiten; Je €/D 6,95
Preisänderung vorbehalten

Mein erstes Kosmos Himmelsjahr
978-3-440-11765-1

Mein erstes Welcher Stern ist das?
978-3-440-11115-4

Mein erstes Was fliegt denn da?
978-3-440-09560-7

Mein erstes Welches Tier ist das?
978-3-440-11393-6

Mein erstes Welcher Baum ist das?
978-3-440-11392-9

Mein erstes Was blüht denn da?
978-3-440-10500-9

Mein erstes Welches Pferd ist das?
978-3-440-11977-8

Mein erstes Was lebt an Strand und Küste?
978-3-440-12203-7

Das Tierreich entdecken

Mein großer Kosmos Tieratlas
208 Seiten, über 300 Abbildungen
€/D 9,95
ISBN 978-3-440-12502-1

Wieso sind Eisbären die gefährlichsten Jäger der Arktis? Wie viele Ameisen leben in einem Ameisenhaufen? Kann ein Jaguar schwimmen? Und wie schnell schlägt ein Hase seine Haken? Der große KOSMOS-Tieratlas stellt die 100 bekanntesten und interessantesten Tiere der Welt mit ihren Besonderheiten und Eigenarten vor. Ein spannender Querschnitt durch die bunte Welt der Tiere von A-Z, der alle Tierfreunde begeistert. Über 100 farbige Illustrationen und mehr als 200 Fotos laden ein zum Blättern und Schmökern.